문/학/논/평

문학의 숨결을 찾아서!

전설 지음

도서출판 디자인21

문학의 숨결을 찾아서!

전설 지음

머리말

문학이라고 하면 다소 따분하고 재미없을 것이라고 생각하는 사람이 있는가 하면 또 다른 한편으로는 우리의 지친 영혼을 달래주는 양식으로 높이 평가하는 사람도 있습니다. 국문학을 접하면서 느낀 생각은 참 우리네 선조를 비롯하여 가까이는 우리네 부모님 아님 이 시대를 같이 살아가는 작가분들의 생각과 느낌이 참으로 우리 사회의 단면 단면을 너무나 적나라하게 잘 드러나고 있다는 생각이 들었고 나아가 심적인 내면 상태를 참으로 잔잔하게 잘 그려내고 있다는 생각이 들었습니다. 이러한 작품들을 읽고 분석하면서 지나간 과거를 상상으로나마 조명할 수 있게 되고 그러한 과정에서 현재의 내 모습도 찬찬히 돌이켜보는 소중한 기회가 되었다고 생각합니다. 말로만 듣던 각 작품을 심도있게 분석하면서 또는 이러한 작품들에 대한 논평을 통해 차가워진 마음을 따뜻하게 데우는 시간이 되었으면 합니다. 실학파의 대가 박지원의 양반전을 비롯하여 실사구시를 추구한 다산 정약용의 또 다른 면모를 볼 수 있는 자녀사랑을 다루고 있는 농아광지, 지금은 남북한으로 갈라져 각자의 길을 가고 있지만 여전히 북한의 삶을 또 다른 형태로 보여주고 있는 북한의 주체사상, 문학적 자질에도 불구하고 친일파로 낙인된 이광수의 동포에 고함, 토속적인 우리나라 서민의 삶을 정감있고 마음 따뜻하게 그려낸 김유정의 문학

세계, 한 때 TV로 방영되어 큰 인기를 끈 이원일의 마당깊은 집, 역시 한 시대를 풍미하며 대한민국 여성들에게 큰 각인을 준 박완서의 그대 아직도 꿈꾸고 있는가, 1920년대 하면 떠오르는 그리고 지금은 안타깝게 작고한 강수연 배우의 열연이 돋보인 감자. 죽는 날까지 한 점 부끄럼 없기를 그렇게도 간절히 갈망한 윤동주의 서시를 비롯한 참회록, 가족해체의 현실을 이해하고자 노력한 백석의 여승, 거문고를 통해 현실의식을 드러내고자 한 김영랑, 삭막하고 각박한 현실세계를 그대로 드러낸 진은영 나는, 안현미 거짓말을 타전하다, 그리고 김선우의 빌려줄 몸 한 채, 허준의 잔등에 대한 논평을 통해 한동안 잊고 살았던 인간본연의 자세와 삶에 대한 겸허함을 드러내고자 노력했습니다. 물론 문학을 바라보는 관점은 누구나 다를 수 있지만 최소한 그래도 공통적인 시선으로 바라볼 수 있는 그 무언가가 있을 것이라는 기대감에 다양한 작품들에 대해 살펴보았습니다. 문학작품에 대한 또 하나의 새로운 시선이라고 생각하면 좋을 것 같고 이를 통해서 삶이 좀 더 촉촉하고 윤활해질 수 있기를 기대해봅니다.

차례

우리 문학
논평

『양반전』 논평

조선시대를 대표하는 특징 중의 하나는 바로 양반를 비롯한 계급화에 있다고 볼 수 있다. 요즘 현대인들에게는 양반과 평민, 그리고 천민이라는 말이 그저 생소하게 느껴지지만 당시에는 이러한 신분을 뛰어넘어 상류층으로 가기가 쉽지는 않았던 것 같다. 누구나 타고난 운명 하에서 그저 주어진대로 살아가는 조선의 정형화된 사회에서 양반전은 어쩌면 조선사회의 몰락해나가는 전조를 풍조라는 형태를 빌어서 낱낱이 표현하고자 한지도 모른다. 요즘은 계급이나 신분이 경제적인 잣대에 의해 어느 정도 형성된다고 할 것 같으면 당시 조선시대는 타고난 운명에 의해 계층이 세분화되고 그러면서 조선시대에도 빈부의 격차는 있었으니 아무리 양반이라고 해도 몰락한 집안의 경우는 허울만 양반이지, 하루 끼니도 제대로 잇지 못하는 경우가 허다했음을 알 수 있다. 반면, 장사를 기반으로 비록 양반의 신분은 아니지만 부를 축적한 평민의 경우에는 이러한 양반의 신분을 어떻게 해서든 매입을 해서 자신을 타인과 차별화시키고자 하는 전략이 지배적이었음을 알 수 있다. 이러한 전반적인 시대적 배경 하에 양반전에서는 각각의 인물들이 개성을 발휘하고 있음을 알 수 있다.

우선 양반전에 등장하는 인물들의 성격을 하나하나 구체적으로 살펴보고자 한다.

우선 주인공인 양반은 강원도 정선의 양반으로 소위 선비의 계층에 속하는 이 작품의 주인공이다. 성품이 어질고 글 읽기를 좋아하지만. 무기력하고 타성에 젖어 독서만 하다 천석이나 되는 관곡을 타먹고 어쩔 수 없이 양반을 팔게 되는 무능력한 인물이기도 하다. 요즘 시각으로 보면 전형적인 한량에 가깝다고 할 수 있다. 책읽는 것까지는 누가 뭐라고 하지 않겠지만 관곡을 타 먹은 것은 일종의 횡령이라고 볼 수 있기 때문에 문제가 된다고 본다.

그 다음 양반의 아내로 관곡을 갚지 못하여 훌쩍거리고 울고 있는 자기 남편의 무기력함을 원망하고 양반의 권위를 부정한다. 전형적인 바가지를 긁는 여성으로 묘사되는데 사실 아내의 입장에서는 남편의 무능함으로 경제가 파탄난다면 당연지사 이에 대해 분노를 하지 않을까 그런 생각이 든다.

관찰사는 여러 고을을 순행하다가 정선 양반의 관곡 사건을 알고 크게 노하여 양반을 잡아 가두게 한다. 관찰사가 하는 역할이 어차피 시정에서 일어나는 부당한 일들과 부정부패를 바로잡는 일이기에 관찰사로서의 직분을 다한다고 할 수 있다.

군수는 양반과 동네 부자 사이의 신분 매매를 조정하는 구실을 맡은 인물인데. 결국 매매 계약을 무효화시키고 있다. 양반문서를 만든다는 핑계로 평민에게 허례허식에 물들고 횡포를 부리는 양반의 모습을 제시하여 둘의 거래가 취소되도록 유도한다.

동네부자는 양반의 딱한 소식을 듣고 천석이나 되는 관곡을 양반 대신 갚고 양반권을 사려는 인물로 그렇게도 원했던 양반의 모순된 점을 알고는 다시는 양반이란 말을 입에 담지 않았다. 아무런 보람 없이 천 석의 쌀을 송두리째 빼앗겨 버리고 만다. 이 인물을 살펴보면 우선은 이 인물역시 부정부패에 가담하는 인물로 보여진다. 그리고, 부정한 방법으로 양반을 편법으로 취하려는 자세가 잘못 되었다고 생각한다. 하지만, 추후 양반이 단순히 좋은 것만은 아닌 것을 알고 뒤늦게 양반직을 매직하려는 것을 포기하게 된다.

주제의식에 대해 살펴보면 다음과 같다. 조선 후기를 배경으로 하고 있으며 그 시기에는 신분 제도 때문에 양반과 평민의 구별이 있었다. 몇몇 양반은 양반이라는 이유만으로 평민들에게 횡포를 부렸고, 평민은 그런 양반의 횡포 때문에 괴로워했다. 그러던 중, 돈을 많이 모은 평민들이 생기면서 양반 신분을 사고파는 일이 일어나게 된다. '양반전'은 이러한 사회상이 잘 반영된 소설로, 작가는 당시 이러한 시대상을 풍자하고 싶었던 것이다. 조선 후기의 양반 문서 매매를 통해 겉치레에만 신경을 쓰고 백성들에게 횡포를 일삼던 당시 양반들의 모습을 비판, 풍자하고자 함을 알 수 있다.

전체적인 줄거리와 이와 관련된 주제의식을 잠깐 살펴보면 다음과 같다. 강원도 정선에 가난한 양반이 살고 있었다. 그는 해마다 관청의 환곡을 꾸어다 먹지만 그 빚을 갚을 능력이 없어 괴로워한다. 그리고 같은 마을에 부자 평민이 살고 있었다. 그는 돈이 많지만 평민이라는 이유로 항상 천한 대접을 받고 양반만 보면 제대로 숨소리도 내지 못했다. 그러던 어느 날, 그 부자는 가난한 양반의 소식을 듣고 그 양반의 신분을 사서 양반으로 살아 보겠다는 다짐을 한다. 부자는 양반을 찾아가 환곡을 대신 갚아 주는 것으로 양반 신분을 사고 양반 문서를 받아온다. 부자 평민과 가난한 양반의 거래를 문서화하려고 군수가 왔다. 관곡을 모두 갚은 사실에 놀란 군수는 가난한 양반 집에 들렀다가 이 사실을 알게 된다. 그리고 군수는 이 거래에 관한 문서(약속의 증거가 되는 문서)를 만들어 확인하는 절차가 필요하다며 사람들을 모은다. 그런데 군수가 만든 양반 매매문서에 나온 양반의 모습은 평민이 꿈꾸었던 모습이 아니었다.

"손에 돈을 만지지 말고, 쌀값을 묻지 말고, 더워도 버선을 벗지 말고, 밥을 먹을 때 상투를 틀지 않은 채로 밥상에 앉지 말고, 국을 먼저 훌쩍 훌쩍 떠먹지 말고, 물을 후루룩 마시지 말고, 젓가락으로 방아를 찧지 말고, 생파를 먹지 말고, 막걸리를 들이켠 다음 수염을 쭈욱 빨지 말고, 담배를 피울 대에는 볼이 패도록 빨지 말아야 한다……."

양반이 지켜야 할 사항을 다 듣고 난 부자는 자신에게 이익이 되도록 문서를 고쳐 달라고 요구하였다. 이에 군수가 아래와 같이 문서를 고쳐주었다. 평민들에게 횡포를 부리고, 부당하게 특권을 누리는 양반의 부도덕한 모습을 풍자하고 있다.

"벼슬을 아니하고 시골에 묻혀 살더라도 모든 일을 제멋대로 할 수 있다. 강제로 이웃의 소를 끌어다 먼저 자기 땅을 갈고, 마을의 일꾼을 잡아다 먼저 자기 논의 김을 맨들, 누가 감히 나에게 대들겠느냐?"

부자 평민은 양반이 지켜야 할 일을 알고 자리를 박차고 나갔다.

"그러나, 평민은 참으로 맹랑한 내용으로 자신을 도둑놈으로 만들고자 하냐며 양반이 되지 않겠다며 자리를 박차고 나가 버렸다. 그리고 죽을 때까지 다시는 양반이 되고 싶다는 말을 입에 올리지 않았다."

작가는 군수의 문서를 통해 허례허식(겉치레)에 빠져 생산적인 일(농사와 같은 실생활에 도움이 되는 일)은 하지 않고, 자신의 특권을 이용해 평민들에게 횡포를 부리는 양반들의 모습을 비판하며 '양반 이야기'라는 뜻의 '양반전'을 지은 것이다. 조선 후기에는 부를 축적한 평민들이 등장했는데 그들은 자신의 부에 걸 맞는 신분 상승을 원했고 이 과정에서 '양반'이라는 신분을 사고파는 일이 잦

아졌고, 결국 신분 질서가 크게 흔들리게 되었다. 이러한 사회 상황을 반영한 '양반전'은 가난한 양반과 부자 평민이 신분을 사고파는 과정에서 벌어진 일을 보여 준다. 그리고 둘의 신분 매매를 조정하는 군수를 통해 허례허식에 빠져 생산적인 일은 하지 않고, 자신의 특권을 이용해 평민들에게 횡포를 부리는 양반들의 모습을 비판한다. 작가가 이 웃지 못할 상황을 통해 무능한 양반, 돈으로 신분을 바꾸려는 부자를 풍자하면서 이러한 행태를 바로 잡고 싶지 않았을까 생각한다. 또한 양반 증서의 내용을 보며 양반이 진짜 양반다우려면 어떻게 행동해야 할지도 알려주는 일종의 계몽적이며 풍자적인 성격을 동시에 갖고 있다고 할 수 있다.

소설사적 의의를 살펴보려면 우선 작가인 조선후기 실학자 박지원(1737~1805)에 대해 살펴볼 필요가 있다. 박지원은 조선 후기의 실학자로, 청나라의 문물을 받아들이고 서양의 과학 기술을 도입할 것을 주장했다. 또 문학 작품을 통해 사회의 문제점을 비판하며 조선이 나아가야 할 방향을 제시하기도 했다. '양반전'을 쓰는 이유에 대해서는 "선비는 몸이 비록 가난하더라도 선비의 본분을 잊어서는 아니 된다. 그러나 오늘날 선비들은 마땅히 지켜야 할 도리와 절개를 갖추는 데 힘쓰지 않고 있다. 도리어 부질없이 문벌만을 재물로 여겨 조상이 쌓아 놓은 덕을 사고팔게 되니, 이야말로 저 장사꾼과 무엇이 다르겠는가? 이에 나는 '양반전'을 짓는다."라고 이야기했다. 특히 '양반전'과 같은 작품으로 허위의식에 빠진 당시 세태를 시원하고 날카롭게 비판했으며 작품을 통해 인재 등용, 외교 등과 관련된 개혁안을 은근히 제시하기도 했다.

본 작품은 실사구시(實事求)를 강조하고 있다. 시점은 전지적 작가시점으로 구성은 발단 - 전개 - 결말의 3단구성이며 문체는 번역체, 산문체, 문어체이다. 배경은 시대적으로 신분제가 흔들리던 18세기 사회이며 공간적 배경은 정선군이며 실학사상을 토대로 양반의 위선적 행동을 묘사하면서 평민부자의 새로운 인간형을 제시하고 있다, 양반전에서 풍자의 대상이 되는 것은 물론 조선 시대의 양반이다. 조선 시대의 지배 계급이었던 양반, 즉 하늘 같은 양반이 이러한 풍자적 비판의 대상이 된다는 것은 사실 놀라운 일이다. 이러한 사정은 조선의 시대적 변동과 매우 밀접한 관련이 있다. 양반층의 증가와 더불어 엄격했던 신분 질서가 붕괴되기 시작했던 시대였다. 신분 질서의 붕괴는 경제적인 측면에서는 부농층과 상공인층의 증가와 밀접한 관련이 있다. 사회 전반적으로 농업생산력이 증가하고 상공업이 발달함에 따라 평민들 가운데 거대한 부를 축적하는 사람들이 생겨나기 시작했다. 그들은 경제적으로 부족할 것이 없었지만 신분상으로는 여전히 평민의 한계에서 벗어날 수 없는 사람들이었다. 임진왜란과 병자호란을 거치면서 재정적인 어려움을 겪고 있었던 정부는 이들에게 돈을 받고 양반의 지위를 팔기 시작했다. 그러다 보니 자연히 양반층의 수는 증가해 갔고 결과적으로 양반의 권위는 땅에 떨어지기 시작했다.

박지원의 작품 양반전은 바로 이러한 시대적 상황을 반영하고 있다. 이 작품에 등장하는 양반은 몰락한 양반층으로서 경제적으로 매우 어려운 처지에 취해 있다. 게다가 이제 평민들은 더 이상 부패하고 무능력한 양반들을 신뢰하지 않게 되었다. 박지원은 돈을 주고 양반을 사려는 어느 부자의 이야기를 통해 이러한 부패하고 무능력한 양반들을 신랄하게 비핀하고 있다. 사실 박지원을 비롯한 실학자들도 양반층의 일부였다. 그러나 그들은 그 시대의 문제점을 냉철하게 인식할 줄 아는 안목을 가진 사람들이었으며. 새로운 사회 질서를 이루기 위한 개혁의지를 가진 사람들이었다. 박지원의 문학은 이러한 실학자들의 날카로운 비판 정신이 살아있는 풍자 문학의 대표작이라 할 수 있다.

양반전은 양반 매매 사건에 집중하여 이야기가 펼쳐지며, 부자의 양반포기 선언으로 사건이 끝나자 그것으로 작품이 마무리된다. 양반전은 대다수의 고소설에서 행복한 결말을 맞이하거나 주인공이 죽을 때까지의 후일담을 약술하는 것으로 매듭짓는 것과는 다른 양상을 보여주는데, 이것은 근대 단편소설에서 결말을 처리하는 방식과 유사하다. 또한 양반전이 박지원이라는 분명한 작가의 지적의식을 바탕으로 창작되었다는 점 역시 근대적 단편소설의 특징이라 할 수 있다. 자연발생적으로 창작되어 계승 발전된 것이 아니라 명백한 창작의도를 가지고 고도의 표현기법을 바탕으로 지어진 점이 근대적 단편소설의 특징과 맞아 떨어지기 때문이다. 따라서, 양반전의 가치는 '뛰어난 단편소설로써의 역량을 바탕으로 다른 고소설에서 발견할 수 없는 근대 단편소설의 면모를 보여준다는 점'이 된다. 한국 문학사는 국어 지식뿐만 아니라 역사적 지식을 갖추고 있을 때 좀 더 쉽게 이해될 수 있다. 인접 학문과의 연계가 필요한 부분이다. 중세에서 근대로 나아가는 시대상황에 대한 이해와 근대문학의 특징을 이해하기 위해서는 역사적 지식이 배경지식으로써 필요하기 때문이다.

양반의 처가 정선 양반에게 '양반이란 한 푼어치도 안 된다.'고 말하는 부분은 양반 신분을 판 정선 양반의 행위에 대한 풍자적 시각을 잘 보여준다. 이 때 정선 양반의 처가 풍자한 '양반'은 좁게는 자기 남편에 대해서 풍자한 것이고, 넓게는 '무능하여 몰락한 양반'에 대한 풍자로 제한적으로 해석되어야 한다. 앞서 언급한 대로 이 부분을 양반 전체에 대한 풍자로 해석할 경우, 작가 박지원 역시 풍자의 대상이 되고, 몰락 양반의 실태를 꼬집었다 하여 양반전을 양반 계급에 대한 풍자로 보는 것은 자서의 내용과 박지원의 선비의식을 근거로 삼았을 때 합당하지 않기 때문이다.

이러한 맥락에서 군수가 정선 부자를 '참 양반이다'라고 칭송한 것 역시 정선 양반을 풍자하기 위한 역설적 표현으로 해석되어야 한다. 겉보기에는 곤경에 처한 정선 양반을 도운 의로운 행위로써 정선 부자를 칭송하는 것처럼 보이지만, 실상은 양반증서 매매 행위에 동참한 정선 양반과 정선 부자 모두를 풍자하는 대목이기 때문이다. '참 양반이다'라는 말을 통해 '정선 양반이야말로 가짜 양반이었음을 역설을 통해 밝히고 그를 모욕한 것'이다. 더불어 매매 행위에 동참한 정선 부자를 비꼬되, 그가 자신을 비꼬고 있다는 사실도 알아채지 못하게 하고 결국 군수의 교묘한 기지에 속아 넘어가게 만든다. 군수는 타락하지 않은 양반으로서 양반신분을 사고, 판 정선 양반과 정선 부자 모두를 풍자하는 역할을 하는 것이다. 군수는 박지원을 대변하는 인물이자 주인공이라 할 수 있다. 군수는 양반답지 못한 행위를 한 정선 양반과 '부'를 축적하였다하여 자신의 정체성에 위배되는 '양반되기'를 갈망한 정선 부자 모두를 탐탁하지 않게 여긴다. 그리하여 1차적으로는 정선 부자를 '참양반이다'라고 칭송하고, 매매증서를 작성할 때 정선양반을 아전에 아래에 서게 함으로써 정선양반을 풍자하고 모욕하는 것이다. 군수는 정선양반을 풍자한 후 풍자의 방향을 정선부자에게로 돌리고 좀 더 고도의 풍자를 통해 정선부자를 비판한다. 군수의 입회아래 작성한 매매 증서를 통해 이를 잘 알 수 있다. 매매증서는 1차 매매증서와 2차 매매증서로 나눠 살펴 볼 수 있다. 1차 매매증서는 양반의 의무가 주 내용이다. 36개의 항목을 자세히 살펴보면 대부분이 당대 양반들이 지켜야 할 덕목임을 알 수 있다. 따라서 1차 매매증서를 '양반계층에 대한 신랄한 풍자로 해석'하기 보다는 정선부자가 양반매매를 포기하게 만들기 위해, 군수에 의해 의도적으로 정선부자가 실현하기 힘든 내용들만으로 엄선되어 작성된 문서로 파악해야 한다. '군수는 정선부자가 양반으로 신분상승을 추구한 것이 얼마나 분수없는 어리석은 것인가를 깨우쳐 스스로 포기할 것을 은근히 유도했던 것이다.'

그러나 군수의 이러한 의도는 좌절되고 만다. 그럼에도 불구하고 정선부자는 양반으로의 신분상승을 포기하지 않고 '원컨대 이롭게 고쳐주기'를 부탁하기 때문이다. 그러자 군수는 양반으로서 하지 말아야 할 일을 마땅히 해도 되는 일인 것처럼 말하며 2차 매매증서를 읊는다. 이때 역설적 서술을 통해 당시 타락한 양반에 대한 풍자와 개인적 이익을 위해 '양반되기'를 추구한 정선부자에 대한 비판이 동시에 이루어진다. 2차 매매증서의 내용은 벼슬을 이용하여 부를 축적하고, 백성을 수탈하는 양반의 모습이 나타난다. 이는 박지원이 비판하고자 했던 당시 부패한 양반계층의 모습이다. 정선부자의 입을 빌러 '도적놈'이라 표현할 정도로 당시 양반의 타락성이 심각했고, 작자는 이를 풍자하고 조롱함으로서 참다운 양반의 모습에 대해 고민한 것으로 보인다.

나가며

〈양반전〉은 양반계급혁파 혹은 서민층의 양반에 대한 조롱으로 해석되기보다는 부패한 양반 계층에 대한 풍자로서 해석되어야 한다. 위의 내용을 바탕으로 〈양반전〉을 제대로 이해하기 위해서는 '역설'과 '풍자'에 대한 이해가 필요하며, 역으로 '역설'과 '풍자'를 배울 수 있는 텍스트로서도 〈양반전〉이 기능할 수 있음을 알 수 있다. 또한 '이러한 표현방식에 내재된 작가의 태도는 무엇인지, 어떤 문학적 효과를 드러내며 나아가 작품 전체 의미를 형성하는 데 어떻게 기여하는지 등에 대해 이해하는 기회가 될 수 있고, 이러한 표현 방식을 활용하여 다양하게 표현할 수 있는 능력을 기를 수 있다'. 양반전은 따라서 수준 높은 역설과 풍자를 배울 수 있는 좋은 교과서가 된다고 생각한다.

정약용 『농아광지』 & 송준길 『제망자문』 논평

우선 정약용의 농아광지가 지닌 장점에 대해 살펴보고자 한다. 지은이는 정약용으로 본관은 나주(羅州). 자는 미용(美庸)·귀농(歸農), 호는 다산(茶山)·사암(俟菴)·자하도인(紫霞道人)·철마산인(鐵馬山人). 여유당(與猶堂)으로 이익을 사숙하였고 28세 때 문과에 급제, 정조의 특별한 신임을 받았다. 초계문신(抄啟文臣)으로 국왕의 측근에서 연구·편찬에 참여했고 경기도 암행어사로도 활동하였으며 화성설계의 기획자로 참여했다. 정조가 죽고 천주교를 믿었던 이유로 박해를 받아 경상도 장기현과 전라도 강진 땅에 유배가 되었으며 이곳에서 18년 동안 유배생활을 하며 여러 저서를 집필하였는데 『마과회통(麻科會通)』, 『경세유표(經世遺表)』, 『목민심서(牧民心書)』, 『흠흠신서(欽欽新書)』, 『아방비어고(我邦備禦考)』, 『아언각비(雅言覺非)』이 있다.

이 중 농아광지에 대해 살펴보면 우선 아비로서의 자식을 잃은 슬픔이 너무나 고스란히 나타나 있는 작품이라 할 수 있다. 자식을 사랑하는 부정이야 어느 누군들 강하지 않겠느냐만은 당시 지은이 정약용이 처한 유배지에서 자식의 상실을 들었을 때 아무것도 해주지 못하는 아비의 심정이 어떠했을지 가히 짐작하고도 남음이 있다. 지은이는 갓 태어난 아들의 이름을 농이라고 지었다.

입신양명을 최고의 효도로 알던 그 세월에, 그런 것 다 그만두고 농사나 지으면서 살라는 것이다. 그렇게라도 사는 것이 죽는 것보다 낫다는 생각에서다. 이미 죄가 미친 집안, 이 아이에게는 다른 길이 있을 수 없다. 만일 어찌해서 이름이라도 얻게 된다면 자기처럼 세상에 용납되지 못할 것이다. 먼 땅에 와 귀양살이하는 자신의 모습과 아이의 더없이 험난할 장래를 생각하며 이런 이름을 지을 때, 한 아버지로서의 지은이의 마음이 어떠했을까? 그런데 그런 아들이 죽었다. 세상에 머무른 것이 겨우 3년, 그 중 2년은 지은이와 떨어져 산 아이다. 아버지가 아버지인 줄도 모르고 그 아이는 갔다. 지은이의 "죽는 것이 사는 것보다 나은 나는 이렇게 살고 사는 것이 죽는 것보다 나은 너는 이렇게 죽었으니, 세상에 어쩌면 이런 일도 있느냐?"고 하던 한 마디가 오래 가슴을 아프게 한다. 지은이는, 아버지가 오면 내가 나을 거라는 아이의 목소리가 귀에 들리는 듯했을 것이다. 그때 그는 얼마나 아이에게 날아가고 싶었을까? 그러나 유배지 갇힌 몸, 한숨만 쉬고 또 쉬고 했을 것이다. 황령도 열수도 흔쾌히 넘고 건널 그였지만 이 유배지의 사슬은 어찌할 수가 없었던가 보다. 유배지 강진은 바닷가에 있다. 그러니 예쁜 소라껍데기도 많았을 것이다. 지은이는 그걸 보며 앓는 아이를 생각했을 것이다. 그리고 제일 예쁜 것으로 둘을 골랐을 것이다. 강진에서 사람이 올 때마다 그 소라껍데기를 찾다가 풀이 죽던 아이, 이제 그 아이는 세상에 없다. 지은이의 마음이 갈가리 찢겼을 것이다. 농아가 죽게 된 연유를 살펴보면,

당시 홍역이 천연두로, 천연두가 등창이 되었다. 이름을 農이라 이름 지은 까닭에 대해서도 그저 밥이나 먹고 살면 다행이라고 느낀 지은이의 애틋한 마음이 드러나있다. 아비의 귀양으로 생이별하고 소라껍질만을 기다리다 죽어간 아들을 생각하면 지은이 정약용의 마음이 어떠했을까?

동춘당은 송준길(1606~1672)의 호다. 어려서부터 이이(李珥)를 사숙(私淑)했고, 20세 때 김장생(金長生)의 문하생이 되었다. 1624년(인조 2) 진사가 된 뒤 학행으로 천거받아 1630년 세마(洗馬)에 제수되었다. 이후 효종이 즉위할 때까지 내시교관(內侍敎官)·동몽교관(童蒙敎官)·시직(侍直)·대군사부·예안현감·형조좌랑·사헌부지평·한성부판관 등에 임명되었으나 대부분 관직에 나가지 않았고, 단지 1633년에만 잠깐 동몽교관직에 나갔다가 장인 정경세(鄭經世)의 죽음을 이유로 사퇴하였다. 여러 차례 벼슬을 내렸는데도 부임하지 않다가 효종 8년 조정으로 나아갔고 호조참판, 대사헌, 이조참판을 거쳐 효종 10년에 병조판서가 되면서 효종과 함께 북벌 계획을 준비한다. 그러나, 효종이 일찍 죽자 북벌 계획이 수포로 돌아가고 관직에서 물러난 송준길은 이곳에서 그의 이름을 듣고 나라 안 곳곳에서 찾아온 유림들에게 북벌론을 강론하다가 현종 13년 동춘당에서 67세로 생을 마감하였다. 송시열과 동종(同宗)이면서 학문 경향을 같이한 성리학자로 이이의 학설을 지지하였다. 특히 예학(禮學)에 밝아 일찍이 김장생이 예학의 종장(宗匠)

이 될 것을 예언하기도 하였다. 문장과 글씨에도 능하였다. 제망자문을 읽어보면 비통의 잠긴 노 유자의 모습이 눈에 선하다. 이 글을 지은 동춘당 송준길은 송시열과 함께 서인을 이끌었던 학자이자 문신이다. 이이를 사숙 하였으며 김장생에게서 수학하였다. 불행은 신분의 귀천이나 행실의 선악을 가리지 않고 찾아오며, 자식을 잃은 슬픔은 학식의 고하나 나이의 노소를 떠나 동일하다. 옛말대로 지극한 슬픔은 표현할 말이 없지만, 그러나 어떻게든 풀어내지 않으면 가슴속의 슬픔이 폭발할 것이기에 결국 참지 못하고 전송의 말을 한다. 제망자문에는 아들을 잃은 슬픔과 조전(祖奠), 자책하는 부정(父情), 회한의 세월, 자식을 보내야 하는 체념적 부정(父情), 아들의 효(孝)를 그리워하는 부정(父情), 죽은 아들과 집안 대소사를 의논 하는 부정(父情)이 잘 드러나있다.

나가며

두 글의 공통점은 당연지사 자식을 잃은 아비의 애끓는 부정이 고스란히 드러나 있다. 자식을 잃은 아픔과 고통은 동서고금을 막론하고 애절하고 도저히 형언할 수 없을 정도의 고통이라고 생각한다. 사실 나 같은 경우도 형이 교통사고로 장조카를 잃어버렸을 때의 그 고통을 직접 경험했기에 자식을 잃은 아픔과 고통이 얼마나 심한지 알 수 있다. 이 두 작품속에서 드러난 차이점을 굳이 찾자면 자식을 잃은 슬픔은 같지만 자식에 대해 느끼는 감정이 조금은 차이가 있다고 생각한다. 정약용의 경우에는 자신이 처한 당시 유배지에서의 고단한 삶을 생각하면서 자식에 대해 부귀광영이나 세상의 성공에 대한 기대감이 전혀 없음을 알 수 있다. 단지 농사라도 지어서 밥이라도 먹고 오순도순 행복하게 살면 족하다는 생각이 있고 또한 자식과 함께 하지 못한 시간에 대한 애틋함이 고스란히 묻어나 있다. 반면 송준길의 경우에는 아들과의 추억이 있고 아들의 효를 그리워하고 있고 죽은 아들과 집안 대소사를 의논하는 부정이 간절히 드러나 있다는 점에서 자식과 함께 보낸 시간에 대한 애틋함과 그리움이 고스란히 드러나 있다. 사실 둘 중에서 나같은 경우는 전자인 정약용에 대해 좀더 애틋한 마음이 든다. 자신이 처한 극한의 고립된 상황에서 자식을 제대로 보지도 못하고 다만 자신과 같은 입장이 되지 않기만을 간절히 바라는 평범한 아버지의 마음이 드러나있는데 비해서 후자인 송준길의 경우에는 그래도 자식과 함께 한 시간이 있고 그러한 추억을 그리워한다는 점에서 조금의 차이가 있다고 본다. 하지만 자식을 잃은 슬픔에 함께 한 시간이 있든 그렇지 않든 또한 자식에게 기대하는 것이 있든 그렇지 않든 그것이 무엇이 대수일까 그러한 생각이 든다. 자식을 잃은 슬픔은 아마도 신이 인간에게 준 고통 중 가장 심각하고 아픈 고통이 아닐까 그런 생각을 해보았다.

북한의 주체사상 논평

북한주민들에게 가장 잘 알려진 주체사상은 인간중심의 사상으로서의 주체사상이다. 주체사상이란 혁명과 건설의 주인은 인민대중이며 혁명과 건설을 추동하는 힘도 인민대중에게 있다는 사상이다. 다시말하여 자기운명의 주인은 자기자신이며 자기운명을 개척할 수 있는 힘도 자기자신에게 있다는 사상이다. 이처럼 인간중심론의 주체사상은 보편적인 인본주의 이론에 근거하여 만들어진 것이기 때문에 개인주의로 해석될 수 있는 소지가 많다. 주체사상이 처음 만들어졌을 때의 주체라는 개념의 핵심내용은 반사대주의 또는 자주노선이다. 소련이나 중국에서 일어나고 있는 개인숭배 배격과 수정주의와 같은 변화를 북한에서 따라야 한다고 주장하는 것을 사대주의라고 비판하면서 주체를 세워야 한다는 개념이다. 이 단계의 주체사상은 맑스-레닌주의를 북한의 실정에 맞게 '창조적으로' 적용하되, 큰 나라가 하는 대로 따라하는 사대주의를 반대한다는 대외적 자주성을 근간으로 하는 개념으로 특징지어질 수 있다. 반사대주의로서의주체의 개념이 등장하게 된 계기는 김일성정권에 대한 도전이 대내외적으로 동시에 제기되었던 때이다. 대외적으로는 1953년 스탈린 사후 소련과 동유럽 사회주의권에 스탈린 격하운동과 함께 스탈린주의적 사회주의체제에 대한 비판이 고조되어 수정주의의 물결이 거센 파고를 일으키고 있었으며, 대내적으로는 6.25전쟁의 실패의 책임, 개인숭배, 경제발전전략 등을 둘러싸고 김일성에 대한 정적들의 도전이 비등하던 시기였다. 주체사상이 발전의 탄력을 받아서 오늘에 이르게 된 것은 김정일의 등장과 자신의 권력승계를 위한 도구로 활용된 것과 관련이 있음을 강조할 필요가 있다. 통치이념과 권력간의 상관관계를 잘 알 수 있다. 1950년 대 중반의 대내외적 상황을 살펴보면 우선 1956년 스탈린 격하로 인한 위기를 들 수 있다. 스탈린 격하 후 외부로부터 밀려드는 개인 숭배 비판의 흐름을 차단하고 이를 역으로 김일성 우상화의 계기로 대치하는 과정에서 제기되었다. 반소 및 반수정주의 경향에서 이러한 대외 정세를 고려할 때, 1950 년대에 주창된 주체사상은 김일성 정권의 반소 및 반수정주의 경향을 보여주는 대표 사례로 파악된다. 김일성은 수정주의적 경향에 반대하고 소련으로부터 자립할 것임을 암시하며 자주노선을 모색했고 그리하여 주체'를 외치며 수정주의 대세에 역행하는 사상체계를 구축 하고자 했다. 그러나 처음부터 주체사상이 체계적인 이론이나 정책으로서의 성격을 가졌던 것은 아니며 초기에는 주체'가 구호와 슬로건의 형태로 제안되었다가 추후 점차적으로 사상 체계 정립의 과정이 수반되었다. 주체사상은 북한의 자주성 확립에 기여한다는 목적으로 만든 정책노선 이자이자 권력의 독점적 행사를 위한 철학적 이데올로기적 기반으로 이후 김정일에 의해 계승됨으로써 후계자 구도의 공고화를 위한 장치로 활용되었다.

주체사상의 발전과정을 살펴보면 우선 중 · 소 분쟁, 조.소 분쟁 등의 대외적 상황과 관련이 있다. 즉 소련과의 예속된 관계를 청산하고 자주 독립 노선을 모색하려는 의도였으며 1963년 2월 8일 북한군 창군 제 15주년 기념식 자리에서 주체에 관한 문제를 언급했다. 사회주의적 애국주의를 강조하면서 근로 대중이 이러한 의식을 강화하는 데 민족적 자주성이 중요하다는 점을 피력하고 주체 개념 설명을 진행했다. 이 시기는 북한과 소련이 분쟁 중이던 때이고 소련이 북한에 대한 군사적 지원과 경제 원조를 중단한 시점이었기에 주체의 유일사상체계란 사상적 차원에서 주체성을 확립하여 정치에서 자주성을 확보하고 경제에서 자립적 민족경제를 수립하며 국방에서 자위를 실현하는 것을 의미했다. 주체사상은 사람을 중심으로 한 사상으로서 모든 결정에 있어 사람이 주인이 되어야 한다고 주장하고 있으며 사회주의 건설의 주인은 인민 자신이므로 인민이 스스로 혁명과 건설을 담당하고 책임져야 했다. 북한 사람들은 북한의 혁명과 사회주의 건설에 있어 북한의 역사와 전통, 영토와 지리, 문화와 예술을 우선적으로 생각하고 마르크스 레닌주의의 일반 원칙을 북한의 상황에 맞게 적용해야 한다는 것이었다. 주체사상은 어떤 면에서 20세기의 지도적 사상으로 알려진 민족주의와 흡사했지만 김일성은 민족주의와 같지 않음을 주장하면서 주체사상은 '사회주의적 애국주의'라고 언급했다. 민족주의는 독단적이고 배타적인 성격이 분명하여 사회주의 국가들과의 친선과 국제 관계를 도모하는 데 바람직하지 않다고 주장한 것이다. 그러나 민족주의와 사회주의적 애국주의가 실질적으로 어떻게 다른 개념인지를 설명하지 않았고 사회주의적 애국주의가 북한이라는 나라를 사랑하는 것이라면 여기에 어떠한 사회주의적 요소가 있는 것인지에 대해서도 해명하지 못했다.

김일성에 의하여 주도되었던 주체사상은 황장엽의 인간중심론의 철학에 의하여 완전히 새로운 철학적 원리로 대체되었다. 황장엽의 '인간중심의 주체사상'은 "혁명과 건설의 주인은 인간"이라는 인간중심의 세계관으로 새롭게 구성된 것이다. 첫단계의 주체사상이 기본적으로 맑스-레닌주의를 이념적 전제로 한 사상이라면 황장엽의 인간중심적 주체사상은 맑스-레닌주의를 폐기한 새로운 패러다임의 사상이다. 북한의 주체사상은 이렇게 논리적으로 연결될 수 없는 개념들이 주체라는 하나의 글자로 담겨져 있는 기이한 현상을 보이고 있는 셈이다. 사람중심의 주체사상이 이전의 맑스-레닌주의와 비교해볼 때 가장 큰 차이는 맑스주의의 유물론을 뒤집어 "의식의 능동적 역할"을 강조하였다는 점이다. 맑스의 유물론이 토대가 상부구조와 사람의 의식을 규정한다는 명제로 정의될 수 있다면, 주체사상은 사람이 물질과 세계의 주인으로서 능동성을 가진다는 것이다. 이렇게 주체사상이 물질이 의식을 결정한다는 기왕의 교리를 버리고 정신이나 의식의 능동성을 내세우는 관념론으로 바꾸어진 것이다. 황장엽은 주체사상이 사회적 운동을 일으키고 추진하여 나가는 주체를 계급이 아닌 인민대

중으로 보았다는 점에서 맑스-레닌주의와 가장 크게 구별된다고 주장하였다.

나가며

북한에서 주체사상은 그 개념이 매우 포괄적이고 모호하여 만병통치약식으로 어디에서나 활용되었지만 실제로는 구체적인 효과는 내기가 어려운 개념으로 되고 말았다. 북한은 수령우상화를 위하여 많은 노력을 하지만 주체사상이라는 개념으로는 수령에 대한 충성을 직접적으로 자극하는 의미가 내포되어 있지 않은 것이다. 인간중심론의 주체사상에서 수령중심론의 주체사상의 개념으로 궁색하게 변형하여 논리적 연결고리를 만들기는 하였지만 인간이 주인이라는 주체사상의 주제와 수령이 주체라는 억지논리 사이는 여전히 갈등과 모순적 관계에 있었다. 이것이 주체사상의 최대의 모순이자 한계였다. 결국 주체사상은 지도부에서 의도하는 방향에서 일탈하여 역기능적으로 작용하는 측면이 많다는 것이 밝혀졌다.

이광수 『동포에 고함』에 대한 단상

3.1기미 독립선언서를 쓴 사람은 육당 최남선이었다면 직전 동경에서 있었던 2.8독립선언서의 작성자는 춘원 이광수였다. 그의 작품 '무정'은 최초의 현대소설로 평가되며, 지금도 고전으로 읽히고 있다. 하지만 그 뛰어난 필력으로 친일활동에 동참함으로써, 한국 문학에 기여한 찬사보다는 지탄을 받는 인물이 되고 말았다. 이광수가 쓴 작품인 동포에 고함에 대해서 이 작품이 가지는 형식적인 특징이 무엇인지 살펴보고 이러한 글을 통해서 춘원이 전달하고자 하는 메시지가 무엇인지 하나하나 알아보고자 한다.

이광수의 친일 논설집을 한군데 모아 1941년 단행본으로 나왔던 것을 고스란히 번역했다는 점에서 의미가 있다. 우선 형식적인 측면에서 보면 총 9개의 주제와 제목하에 이를 하나로 합친 것이 동포에 고함으로 파악된다. 여기서 당연히 동포라 하면 내선일체에 의한 조선인과 일본인임을 알 수 있다. 너와 나에서는 일본과 조선이 하나임을 강조하고 있다. 나의 참회에서는 일본이 우리나라에 철도를 건설하는 등 좋은 일을 많이 한것에 대해 감사를 하고 있으며 거짓없는 참회에서는 조선의 병참기지화, 내선일체의 동아신질서의 건설, 지원병제도와 창씨개명을 다루고 있다. 내선일체의 가능성에서는 일본인이 조선인을 전쟁으로 끌어내기 위한 것이지만 춘원은 이에 동조하며 창성한다. 일본인과 조선반도계 혈통이 동일함을 주장하기 때문이다. 병참기로서에서는 일제가 대륙침략할 때 조선을 병참기지화할 것과 종형제동지임을 강조하고 있다. 백일몽일 것인가에서는 국민적 서자에서 벗어나 내선일체의 적자가 되자고 주장한다. 양민족이 반드시 하나가 된다는 내용을 다루고 있다. 군과 나의 노력에서는 조선과 일본군이 하나가 되자는 것과 자기반성의 공을 쌓자는 내용이 나온다. 궁극적으로 도달할 곳에서는 진정한 접촉이 필요하며 조선인의 서툰 예절작법을 고쳐주기를 노력하는 내용이 나온다. 재신에서는 신질서수립을 언급하고 있다.

전체적인 글을 보면 선동 및 혁명정신을 정립하고자하는 민족주의적 성향이 지배적임을 알 수 있다. 일반대중에게 이상을 심어주기 위해 노력하고 있으며 계몽주의적이며 이상주의적인 내용을 고취하고 있다. 구성의 공시성과 유사성이 보이며 표현의 추상성과 개념성이 주를 이룬 채 주체이 비독창적 상식성이 보인다. 설교의 과잉과 이상의 비현실성이 주를 이룬다. 무엇보다 당시 상황을 아무리 이해한다고 해도 과연 신지식인으로서 이렇게까지 일본에게 동조해야 했는지 많은 의구심이 든다. 내용 면에서는 중국과의 사대관계 단절 위에 일본과 유대강화를 필연적으로 보는 내선일체론, 후방에서 천황의 뜻을 받들어야 한다는 총후봉공론, 후천개벽을 곧 일본이 아시아를 지배하는 시대로 파악하는 대동아

공영론 등 이광수 친일론의 골격을 담고 있다. 이광수는 1940년 2월 가야마 미쓰로우(香山光郎)으로 창씨 개명한 뒤 본격적으로 친일활동에 나서고 있다. 그런데 그전에 이광수는 1937년 수양동우회 사건으로 도산 안창호와 100여명과 함께 체포된 상태였는데 김원모의 주장에 따르면 1938년 그가 하늘처럼 모시던 도산 안창호가 사망하자, 도산의 자리를 어떻게 채워야 할지, 민족지도자들을 어떻게 지켜야 할지 그 심적 부담에 자신이 친일로 나서는 대신 지도자들을 보호하는 방법을 택한 것이라는 것이다. 조선어 사용이 금지된 시기에 원효대사를 집필하며 민족 정신을 보존하려고 했고, 겉으로는 친일이었지만 내심에는 조선의 독립에 대한 기원을 잊지 않았다는 것이다. 이광수의 친일행적을 변호하는 시각이 있다는 것이 이색적이기도 했고, 사실 이 주장에 살짝 귀가 솔깃해지기도 했다. 민망할 정도로 일본을 찬양하고 있는 점이 오히려 더 친일파로 위장한 건 아닌가하는 역설적인 의심을 품게 한 것이다. 이광수도 자신이 해방 뒤에 쓴 '나의 고백'에서 자신의 친일은 민족을 위해서였다고 기술했지만, 그것은 친일행위에 대한 치졸한 변명일 뿐이라는 비난을 초래했을 뿐이었다. 그의 민족 보존론 주장에 동조하고 싶은 마음이 생긴 것은 이정도로 이광수가 망가지진 않았으리라고, 이광수가 저 정도로 조선인으로서 정신을 팔지는 않았을 거라고, 조선인 작가 이광수의 마지막 자존심을 믿어주고 싶은 미련이 손톱만큼은 남아 있었기 때문이다. 그럼에도 내 바람과는 상관없이 어디까지나 이 주장은 소수 견해인 모양이다. 김원모 뒤에 실린 문학평론가 정현기의 글에서는 이광수의 친일이 여지없이 비판당하고 있었다. 이광수는 비겁한 일본 지식 권력자의 하수인이었고 조선인 앞에서는 추악한 지식권력자라며 지식인으로서 수행해야 할 책무와 운명을 거론하고 있다. 일본인은 이용가치가 높은 이광수를 이용해 조선인들의 독립의지를 꺾으려 한 것이고, 이광수는 이에 협조한 지식인 부역자라는 것이다. 개인적인 선택만으로 치부할 수 없는 것이 일제 침략기라는 역사적 상황과 맞닥뜨려야 했던, 개인으로서는 피할 수 없는 비극이라는 점도 감안해야 하지만 그렇다고 그에 대한 친일 행적이 정당화되지는 않는다. 왜냐하면 당시 목숨까지 헌화하면서 반일을 하면서 독립운동을 했던 위대한 선인들이 계시기 때문이다.

나가며

'동포에서 告함'. 제목만 보면 피히테의 '독일국민에게 고함'이 연상되면서 동포들의 애국심이나 각성을 촉구하는 것 같지만, 사실은 그 정반대의 내용을 담고 있는 책이다. 이광수가 일본어로 쓴 70여 편의 글을 싣고 있는데, 그가 변절했다는 것은 이미 알고 있었음에도 충격받을 정도로 노골적이고 적나라했다. 아주 수위 높여 내선일체를 주장하고 천황을 숭배하며 제국주의와 군국주의에 몸을 바치라는, 이른바 문장보국(文章報國)을 실행하고 있었던 것이다. 일본정신에 입각한 국민문학, 내선일체를 지향하는 문학 건설을 외치는 걸 보면 작가정신까지 망각하고 있었다. 특히 그가 한 말 중 이제 조선인의 유일한 진로는 황민화이며, 이에 대하여는 정부와 민중 모두가 일치된 생각을 갖고 있다는 말은 지금 생각해보면 아찔할 정도의 끔찍함마저 들기도 한다. 읽다보면 돌변해도 어떻게 이렇게까지 변할 수가 있는지 과연 사람의 목숨이 갖는 의미가 이토록 비열하면서까지 지켜야하는 것인가 하는 생각이 들면서 한탄이 절로 나올 수 밖에 없었다. 이렇게 빼어난 필력과 재능을 하필 친일하는데 소진하다니, 그 악마적 재능에 분노를 넘어 안타까운 마음이 들지 않을 수 없다.

김유정 문학 세계

1. 양반-지주계급의 갈등

「산골」은 1935년 8월 조선 문단에 「산」, 「마을」, 「돌」, 「물」, 「길」의 소제목으로 씨종의 딸인 이쁜이가 서정적인 분위기를 배경으로 상전의 아들 도련님에 대해서 느끼는 애정이 이쁜이와 같은 신분인 석승이와 더불어 삼각관계를 이루고 있는 작품이다. 따라서 얼핏 보기에는 씨종의 딸 이쁜이와 상전의 아들 도련님 및 씨종과 비슷한 신분인 석승이 세 사람 사이의 단순한 애정 관계가 우스꽝스럽게 다루어진 것으로 생각될 수 있다. 말하자면 이 작품은 이쁜이의 도련님에 대한 애정상의 갈등과 석숭이의 이쁜이에 대한 애정이 해학적으로 그려진 것이라고 이해될 수 있다. 그러나 작품을 자세히 살펴보면 삼각관계는 애초부터 성립되지 않는다. 왜냐하면 이쁜이와 도련님의 사랑이라고 하기에는 이쁜이가 너무 하찮은 존재이며, 도련님을 상대하기에는 석승이의 신분도 너무 하찮기 때문이다. 결국 이쁜이와 도련님 사이의 사랑은 전통적인 신분의 차이 앞에서는 부도덕적이고 있어서는 안되는 것이다. 또한 이쁜이가 겪는 애정과 사랑은 어머니가 젊은 시절에 주인댁 나리의 귀여움을 받다가 마님에게 봉변당했던 체험의 반복이라는 점에서 지배 계층이 피지배 계층에 갖는 비도덕적 윤리의 지속성과 연속성의 모습을 보여주고 있다. 따라서 어머니는 딸에게 '종은 상전과 못사는 법'임을 가르치게 된 것이다. 그리고 "도련님이 이쁜이에게 정을 들여놓은 뒤 또 다른 여자와 관계를 갖는다는 일 자체가 그의 우월한 신분과 무관하다고 보기 어려운 것이다.

2. 마름과 소작인의 갈등

형식상 대한제국 정부와 통감부로 나뉘어져 있던 통치기구를 통합한 총독부는 식민지 조선의 약탈과 탄압을 더욱 확대 강화하였다. 총독부에 의한 토지 조사는 1910년에 시작되어 1918년에 끝났는데, 합방 전 동양척식주식회사가 소유한 토지 2430정보가 1914년에는 653,956정보의 전답과 기타 소유지를 합쳐 703,439정보가 되었고, 그로부터 4년 후인 1981년에는 다시 4,500정보의 증가를 보이게 되었다. 이로 인해 우리 농민들은 일시에 땅 없는 농민으로 전락하였다. 조선총독부에서 1935년 3월, 조선총독부 통계요람에 따르면 1928년 자작농과 소작농의 비율이 18%와 448%였던 것이 1932년에 이르러선 16%, 53%로 소작농이 급격히 증가했음을 확인할 수 있다. 식민 시절 한국인의 80%가 농민이고 그중 80%가 소작농이었다는 통계자료는 당시 상황의 심각성을 말해준다.

토지조사 등의 책략을 통한 일제의 토지 약탈은 자작농의 감소와 소작농의 증가라는 계층적 분화를 촉진시켰고 더불어 농촌경제의 몰락을 초래했다. 특히 대규모 농토를 소유한 지주들은 대부분 일본인이거나 도시에 살고 있는 부재지주들이었다. 이들은 소작농을 관리할 마름을 필요로 하였는데 대지주일 경우 1촌에 1명 내지 수명의 마름을 임명하여 소작인의 동태를 조사하게 하고 추수기에 소작미 결정에 참여시키기도 하였다. 이를 미끼로 마름은 소작인에 군림하여 교묘한 수법으로 그들을 착취, 혹사시켰던 것이다. 「봄봄」은 1935년 〈조광〉지 12월호에 발표된 작품으로 전통적 결혼 제도인 데릴사위제를 통한 마름의 착취를 보여주고 있다. 주인공 '나'는 마름집인 점순네 집에서 삼년 칠 개월 동안 돈 한 푼 안 받고 일만 해 주고 있는 무보수 머슴으로 다만 점순과의 혼례 약속에 희망을 가지고 그 무보수를 감당해 온 것이다. 그러나 점순의 아버지 봉필은 나를 생산을 위한 도구로 이용하기 위해 데릴사위로 들여놓은 것이다. 주인공 나가 추구하는 혼례의 목적과 장인 봉필이가 나에게서 구하고자 하는 노동의 목적은 서로 상충하는 것으로 합치될 수가 없는 것이다.

「동백꽃」에서도 이러한 계층 간의 갈등 양상이 소작인의 아들인 '나'와 마름의 딸인 점순이를 통하여 아주 강하게 드러나고 있다. 물론 표면적으로 볼 때는 동백꽃 피는 농촌을 배경으로 사춘기 "소년, 소녀간의 원시적 감정표현으로 친근한 천진성만을 느끼게 하는 토속의 서정적 이야기"라고 볼 수도 있으나, 이 작품에서 문제시되는 것은 남녀 간의 사랑을 가로막고 있는 갈등의 요인이 마름과 소작인이라는 신분적 차이에 있으며, 이런 상황은 그들의 모든 행동에 제약을 주며 서로 반목하는 원인이 되고 있다는 것이다. 점순이가 나에게 쏟는 애정과 관심에 대하여 무관심하게 되었고. 그 결과 점순이는 '나'의 닭을 괴롭히고 심지어 점순이네 닭과 우리집 닭을 싸움시키면서 점순이와 나 사이에 감정은 점차 악화되어 간다. 결국 신분의 상징인 닭의 죽음은 사랑으로 연결되는 단서가 됨으로서 '점순이'와 '나' 사이에 갈등을 해소하는 사건이 되지만 그러한 일이 경제적 몰락과 관련지어 좌불안석에 빠지고 마는 소작인 자식의 모습을 여실히 보여주고 있다.

이상에서 살펴본 바와 같이 「산골」의 '이쁜이'와 '도련님', 「봄봄」의 '나'와 '장인', 「동백꽃」의 '나'와 '점순이' 사이에서 보이고 있는 문제는 가진 자의 비인간적이고 비윤리적인 행동과 신분 제도로 인한 지주들의 횡포라 할 수 있다. 이는 식민지 농업 정책의 재편 가정 속에서 농민 계층의 몰락으로 인하여 가진 자와 못 가진 자 사이에서 전개되는 계층 간의 갈등 양상을 보이는 것으로 파악된다.

3. 일확천금의 허황된 꿈

개화기 말부터 일기 시작한 금광 열풍은 1930년대 일제가 실시한 북선(北鮮) 개척과 지하자원개발정책으로 증폭되었다. 일제는 전쟁수행 준비를 목적으로 서구열강으로부터 석유, 설철(屑鐵), 공작기계 등을 수입하였는데 대금 결제를 위해 금이 필요했으며, 농촌의 궁핍화로 발생한 이농만 문제를 해결하는데도 적절했기 때문에 적극적으로 산금(産金)을 장려했다. 이러한 일제의 지하자원 수탈 책략은 빈한한 환경을 타개하고자 하는 당대 민중들의 열망과도 일치해 성실한 농민들까지 일확천금의 허황된 꿈을 좇기 위해 농사를 포기하고 금광판으로 무작정 합류하는 악영향을 끼치기도 하였다. 일제의 지하자원 수탈 정책으로 금광은 1911년도에 796광구가 1937년에는 6513광구로 늘어났으며, 산금량(産金量)도 1927년에 5,341kg이던 것이 1937년에는 19,813kg으로 증가하였으며 다시 1939년에는 25,759kg에 이르렀다. 하지만 이 또한 민중들의 삶의 조건을 악화시키고 척박하게 하는 역기능을 불러왔는데, 채광기술과 자본이 일본인들에 비해 상대적으로 빈약했던 조선인들은 일확천금의 꿈은커녕 패가하는 경우가 허다했다.

「금 따는 콩밭」에서는 영세 소작농인 영식이가 금점에 이골이 난 수재의 제의에 따라 콩밭에서 금이 나올 것 같다는 유혹에 눈이 어두워 금을 캐 보겠다고 콩밭을 뒤엎는 투기를 강행한다. 이 때문에 지주는 크게 노하고 발을 구르지만 정책적으로 장려되었던 황금 탐사를 지주라 하여도 말릴 방법이 없었고, 새로운 소작계약이 성립되는 내년을 기약하며 밭을 망치는 영식이의 황금 탐사를 방치할 수밖에 없었던 것이다. 만일 영식이가 자신의 소작지에서 금을 발견했다면, 금은 어디까지나 영식이의 소유였고, 지주와 금을 나누지 않고도 금을 채굴할 수 있는 권리를 가졌을 것이다. 일단 콩밭을 엎은 이상 영식이는 사력을 다해 황금을 찾아야 했다. 생계의 터전을 저버리고 빚까지 얻은 바에야 물러설 곳은 없었다. 하지만 그것은 환상의 욕망이며 꿈의 세계에 불과하다. 일확천금의 환상 속을 헤매다 금은커녕 콩밭만 망가뜨린 꼴이 되고 만다. 금을 훔쳐 팔자를 고치기보다는 열악한 환경으로 인하여 목숨을 잃기 일쑤였고, 금을 캐다 사람이 죽었다는 사실은 이제 놀람이 아니다. 성가실 정도로 많은 사람이 죽어 나가는 현실은 그들에게 죽음마저도 무감각하게 만들었다. 이러한 상황 하에서 그들에게는 다른 생각은 조금도 없고 감독의 눈을 피하여 금을 훔쳐 야 한다는 일념밖에 없는 것이다.

4. 도박 풍속의 반영

농토를 버리고 황금을 찾아 금점을 향해야 하는 그들의 모습은 사람이 사는 곳이라고 하기는 자못 처절하기만 하다. 이들에게 있어서 궁핍의 문제는 부모와 자식 간의 혈육의 정을 뛰어넘어 처절한 삶의 투쟁으로 나타나기도 한다. 이처럼 피폐한 사람의 현장에서 극도의 가난과 배고픔의 고통에 허덕이는 농민, 소작인들의 생활은 말이 아니다. 일 년 동안 갖은 고생을 하여 가을에 추수를 해도 가혹한 수입으로는 도저히 삶을 유지하기 힘들어서 빚을 얻어 쓰게 되고 그 빚은 자연스레 불어나게 마련이다. 이처럼 농민이 딸을 잃고 뿌리 뽑힌 생존의 밑바닥에 허덕일 때 가능한 길은 무엇일까? 김유정의 인물들이 마지못해 택하는 길은 30년대 한국 농민의 비참한 삶의 모습으로 인도한다. 그의 소설 속에 등장하는 인물들은 농촌을 탈출하려고 하고 있으며 한사코 농민이 되지 않으려고 발버둥치고 있는 것이다. 「만무방」에서 보이는 궁핍으로부터의 탈출의지는 요행에 의지하는 도박에 대한 관심으로 나타난다. 도박이 나쁜 줄 알지만 그래도 운 때만 맞으면 손쉽게 한몫 잡을 수 있는 방법이 그것뿐이 아니겠느냐는 생각으로, 요행이나 기적이 아니면 돌파구를 찾을 수 없는 상황에 이른 것이다. 결과적으로 궁핍한 농촌의 현실은 농민들에게 엉뚱한 투기심만 유발시키고 그것은 점점 더 농민의 삶을 훼손시키고 있으며, 작가가 제시한 인물들의 행위가 타락한 방식으로 제시되어 있음을 당대의 절망적 현실이 빚어낸 도덕적 혼란의 사회상을 있는 그대로 보여주려는 작가의 의도로 볼 수 있다.

5. 상품화 된 性

피폐한 삶의 현장에서 정상적인 삶을 꾸려가기는 정말 어려운 상황이다. 결국 농민들은 궁핍한 현실로부터 벗어나기 위해 일확천금의 꿈을 위하여 금광을 향하거나 도박과 투기에 요행을 걸지만 가난과 배고픔의 고통에서 빠져나갈 수가 없다. 그러나, 무엇보다도 심각한 것은 돈을 벌기 위해, 먹고 살기 위해 아내를 들병이로 내보내거나, 남편이 아내의 매춘을 강요하고 심지어 매처까지 감행한다는 사실이다. 더 이상 어찌할 도리가 없는 극심한 빈

궁의 상황에서 그들이 취하게 되는 비윤리적행위는 식민지라는 특수한 사회적 상황과 깊이 관련되어 있으며 이 식민지라는 특수한 상황이 아무런 회의도 없이 매춘을 하거나 심지어 자신의 아내를 팔아서라도 목숨을 부지하게끔 만들고 있는 것이다. 결국 「산골나그네」에서는 사기 결혼으로 「소나기」에서는 매춘으로, 「가을」에서는 드디어 아내를 매매하는 양상으로 나타난다. 여기에서 윤리성의 부재현상을 인간의 가치화 성도덕이 마비된 비윤리적 의식을 지적할 수 있다. 그러나, 이것을 다른 각도에서 파악해 보면 정상적으로 살아 갈 수 있는 길이 막혀 버린 사회의 구조적 모순이 먹기 위해서, 살아남기 위해서, 그들의 성도덕까지 파괴시켰다는 사실을 간과해서는 안 될 것이다. 이러한 절대적 빈곤의 상황 속에서 '매춘 열녀'라는 모순된 의미의 말을 낳기까지 했던 당대의 도덕적 혼란 현상을 김유정은 작품으로 형상화시키고 있다. 「산골나그네」는 문명으로부터 멀리 떨어진 고적한 두메 산촌의 가을을 배경으로 나그네 여인(산골나그네)이 병든 남편의 겨울옷을 준비하기 위해 스스로 과부라 칭하고, 남의 일을 거들어주고, 작부로서의 일을 대행하며, 가난한 덕돌 모자를 속이고 혼례까지 치러가면서 마침내는 덕돌의 옷을 훔쳐 달아난다는 내용이다.

6. 1930년대 도시 사회 반영 양상

김유정의 작품 중 도시를 배경으로 하여 전개되는 소설들은 실업자의 비애, 이농민 출신 도시빈민들의 빈곤한 일상, 카페 여급들의 삶이 중심을 이루고 있다. 이 또한 1930년대 척박한 현실의 한 단면이다. 가난에 허덕이는 룸펜의 사생활을 통해 심각한 사회현실의 모순과 눈뜨지 못한 근대적 자아에 관한 성찰을 보여 주고 있는 것이다. 도시를 배경으로 한 김유정의 소설들에 실업자 다음으로 빈번하게 등장 하는 것이 카페 여급이다. 카페 여급은 『따라지』, 『봄밤』에 등장하며, 작가의 자전적 성격이 강한 『두꺼비』에는 옥화라는 기생이 등장한다. 몸을 파는 카페 여급은 농촌배경 소설의 들병이와 그 존재가 같다. 김유정은 날카롭게 버려진 현실인식으로 식민치하 당시 농민들의 삶의 양상을 순차적으로 보여준다. 『땡볕』에서 아이는 태어나지도 못하고 어미의 뱃속에서 죽는다. 『소낙비』의 '춘호' 내외는 서울로 가서 안락한 생활을 하게 될 것을 기대하지만 『땡볕』에서 부부는 일주일 안으로 다가온 아내의 죽음에 직면해 있다. 김유정은 도시를 배경으로 한 일련의 단편들을 통해 도시 생활 중심에 들어서지 못하고 그 주변을 배회하는 '따라지'들의 모습을 형상화했다. 이들은 '서울'로 상징되는 근대적 욕망을 꿈꾸지만 각박한 현실은 그들의 입성을 허락하지 않는다. 주변부 삶을 살아야 하는 그들에게 도시는 여전히 극복할 수 없는 대상이며, 그들의 욕망은 실현 불가능한 것이다. 그렇기에 김유정 소설에 등장하는 도시는 유배의 공간이며 삶의 정치를 잃어버린 부평초들이 떠도는 공허의 공간으로 존재하는 것이다.

나가며

김유정이 활동했던 1930년대는 생존 자체를 위협하는 시기였다. 그것은 일제에 의한 모순된 식민정책과 혹독한 경제수탈이 원인으로, 그 결과 당시 경제 구조의 기저라고 할 수 있는 농촌 지역의 몰락과 대규모의 실업, 노동가치의 하락, 도시의 슬럼화가 초래되었다. 극심해진 기아와 생활고는 당대 민중들의 보편적인 정서와 전통적인 가치관까지 영향을 미쳐 그들은 척박한 현실에서 살아남기 위해 비도덕적이고 탈윤리적인 방법을 동원해서 자신들의 욕망을 실현하고자 하였다. 김유정은 유년기의 극히 짧은 행복했던 시간을 제외하면 경제적 빈곤과 질병을 한 순간도 벗어나 보지 못한 지극히 불행한 삶이었다. 아울러 조실부모로 인한 상실감과 정신적 공동은 그의 내면에 모성지향의 성격을 형성했으며, 경제적 빈곤과 질병으로 인한 역경과 방황의 체험은 그에게 경제적, 사회적으로 소외된 하층민의 삶에 관심을 갖게 하였다.

작가의식 측면에서 김유정 소설에 나타난 현실 수용의 양상을 살펴보면 첫째, 김유정의 문학은 1930년대 현실에 밀착하여 당대 상황을 예리하게 파악하고 이를 작품 속에 수용, 반영함으로써 일제 식민정책의 모순과 부조리를 극명하게 보여 주고 있다. 일본 제국주의자들에게 있어 식민지 조선은 수탈과 탄압의 대상이었을 뿐이었다. 김유정은 이와 같은 상황의 농촌과 농민의 처지를 지배계급(지주, 마름)과 피지배계급(소작인, 머슴)이라는 이항 대립을 통해 소설로 재현했다. 「산골」의 '이쁜이'와 '도련님', 「봄봄」의 나' 와 '장인', 「동백꽃」의 '나'와 '점순이' 사이에서 보이고 있는 문제는 가진 자의 비인간적이고, 비윤리적인 행동과 신분 제도로 인한 지주들의 횡포라 할 수 있다. 이는 식민지 농업 정책의 재편 과정 속에서 농민 계층의 몰락으로 인하여 계층 간의 갈등을 불러일으키고 지배계층의 윤리의식과 신분제도 모순을 보여주고 있다.

둘째, 피폐한 삶의 현장에서 극도로 가난과 배고픔의 고통에 허덕이는 농민, 소작인들은 증폭되고 확산되는 궁핍으로부터 여러 갈래의 탈출을 모색하나 그들의 욕망은 여지없이 좌절되고 마는 양상을 보인다. 이 같은 허망과 좌절 상황은 식민지 시대 가혹 한 상황에 쫓기고 몰리면서 인가의 소박한 꿈이 조그만 삶에의 몸부림으로 나타나지만. 그것조차 허용될 수 없는 비극적 삶을 파악한 작가의 현실 인식에서 비롯된 것이며, 이러한 궁핍 결과는 심각한 도덕적 혼란을 유발하게 된다. 「금 따는 콩밭」, 「노다지」, 「금」, 「만무방」, 「소낙비」, 「산골나그네」, 「가을」 등 일련의 작품에서 나타나는 일확천금의 꿈, 도박, 매춘, 매처 등인데, 이는 윤리나 도덕의식 타락이라기보다 생존마저 위협받는 절대 빈곤의 절박한 굶주림의 상황이 윤리와 도덕보다 선행하는 시대적 배경 속에 어떻게 도덕적으로 몰락해 가는가를 생생하고 냉정하게 보여준 다고 하겠다.

셋째, 도시를 배경으로 한 단편들을 통해 김유정은 일제의 의한 농촌 경제의 잠식이 결과적으로 식민지 전체 경제의 붕괴를 초래했음을 시사했다. 삶의 터전을 잃은 농민들은 서울을 비롯한 주변 도시로 무작정 밀려들었으나 당시 산업구조는 이를 흡수할 여력이 없었다. 결국 그들은 도시빈민이 되어 값싼 임금노동자나 유리걸식하는 처지로 전락하게 되었다. 또한 일제에 의한 강제적인 경제구조의 개편은 전통적으로 생산 주체를 담당해왔던 남성(가장)의 권위를 하락시켜 실업남성들은 여성의 노동력에 의존 하여 기생하는 전도된 질서 속에 편입되었다. 이와 같은 사회적 역기능의 원인과 과정 에 대해 작가는 분영하게 인식하고 있었고 이를 『따라지』, 『정조』, 『봄과 따라지』, 『연기』 등의 작품을 통해 형상화하였다. 그러나, 문학이 '인간이 추구해야 할 바른 삶의 제시'라는 이상성의 측면에서 볼 때, 역사적 전망의 결여라는 지적이 나오기도 한다. 그가 하층민의 궁핍화에 따른 타락상을 통하여 당대의 모순된 현실을 바라보는 눈은 정확했을지라도, 어떻게 해서든지 피폐한 농촌 사회를 개선하고, 극도로 훼손된 농민들의 삶을 인간다운 삶으로 복원시켜 보겠다는 작가의 의지 내지는 역사적 전망이 부각되지 못하고 있다. 뿐만 아니라 치유될 수 없는 상처와 역사의 악순환을 낳은 지배 계층의 정신적 타락과 부도덕성이 표면에 부각되지 못하고 내면에 감춰짐으로써 적극적 현실적 갈등이 표출되지 못하고 있다는 점이 한계로 지적되고 있다.

결론 지으면. 김유정은 식민지 시대의 작가 가운데 경제적, 사회적 약자들인 소작 빈민을 중심으로 하는 당대의 빈민층을 일관적으로 다루고 있다. 그는 궁핍한 원인을 개인에게 두지 않고 일제식민 치하의 수탈 정책이 몰고 온 사회경제적 혼란상의 구조위에서 파악함으로써 건전한 작가정신을 보여주고 있으며, 1930년대의 식민지 사회 정황을 다루면서, 민중 심리와 감각에 어울리는 언어와 표현을 통해 제시하고 있다. 또한 당대 현실 상황을 근본적으로 모순된 사회로 인식하고 반어라는 세련된 양식을 통해 독자로 하여금 스스로 느낄 수 있게 하여 다른 작가와 구별되는 독자적 소설 미학을 창조하고 있다. 이는 현실'과 '문학'을 모두 중시하면서 문학을 통하여 현실을 객관적 시각에서 재구성하려는 태도로 현실에 대한 첨예한 의식을 가지면서도 그것을 문학적으로 승화시켜 보여 준 것이다. 여기에서 김유정 소설의 문학적 의의를 찾을 수 있다.

지금까지 논의를 종합해 볼 때, 김유정은 1930년대 궁핍 원인이 식민지 조선 사회 구조적 모순과 왜곡된 식민정책에 있음을 분명하게 인식하고 있었으며, 식민지 사회에서 하층민들이 겪어내야 했던 당대 모순과 궁핍 문제를 탁월하게 제시하여 한 시기를 특징지어 준 뛰어난 현실 인식의 작가로서 위치를 굳혔다고 생각한다.

이원일 『마당깊은 집』 논평

한국 소설사에 있어서 성장소설은 그다지 주목받지 못한 소설 유형이었다. 그 원인은 한국 문학의 연구자 혹은 평론가들이 리얼리즘과 모더니즘이라는 이분법적인 시각으로 작품을 평가하려 했다는 점에서 찾을 수 있다. 한국 현대 문학에서 성장소설은 한국 근·현대사의 사회·문화적 토대 속에서 주인공의 변화 양상이 미숙에서 성숙으로, 불완전에서 완전으로, 결핍에서 충족으로의 과정을 담고 있으며, 성인 사회로의 존재론적 위치 변화를 위한 새로운 인식과 실천이 드러나는 소설 유형으로 본다. '성장한다는 것'은 등장인물의 독립된 활동만으로 구성할 수 없는 것이다. 이는 누군가가 어떠한 성장을 할 때에는 반드시 성장하는 사람(성장 주체), 성장하는 사람이 속한 사회, 성장하는 사람의 주변 인물 등과의 상호 영향아래 성립하는 개념인 것이다. 성장소설에는 성장의 이야기뿐만 아니라 성장 주체가 살아가는 시대적·공간적 사회상까지 내포되어 있다. 특히 20세기 우리나라의 경우 그야말로 혼돈의 연속이었다. 일제강점기를 지나 6·25전쟁, 군사정부, 유신체제 등 끊이지 않는 상처와 혼란의 역사를 지닌 채 21세기를 맞이한 것이다. 역사적 상처는 당시를 살아 온 사람들의 기억에 고스란히 자리하고 있다. 이러한 상처의 기억을 현대 소설에 투영시킨 작가가 바로 김원일이다. 혼돈의 역사를 기억 속에 지닌 채 자란 김원일의 성장소설 특히 가족들의 이야기는 작품 내 등장인물에 의해 전달되는 경우가 대부분이며 이때 화자는 어린 소년의 모습이 대부분이다. 어린소년은 분단의 시대에, 가족의 틀 안에서 성장하는 인물인 것이다. 본 연구에서는 김원일의『마당 깊은 집』을 토대로 주인공의 성장에 초점을 두고 분석하고자 한다.

일반적인 성장소설의 특징이 유년기 화자의 1인칭 서술과 내적 초점화, 기억과 회상에 의한 이야기 서술방식, 반성적 사유와 고백의 담론 등의 특징을 지닌다면, 김원일의 성장소설은 유년기 화자의 성장 배경에 '전쟁의 영향을 받은 삭막한 공간'의 장치를 첨가하면서 분열 내지 고뇌하는 어린아이의 모습을 잘 드러내고 있다. 「마당깊은 집」의 아버지는 좌익운동을 하다 월북한 사람으로 그려지며 어머니는 삯바느질로 생계를 책임지는 강한 생활력을 보여주는 인물이다. 선례는 집안 일을 두루 보살피면서 공부도 잘하는 착실한 장녀로, 길남은 아직은 철이 없는 장남이다. 길수는 병약한 동생으로 등장한다. 길남은 어머니와 떨어져 2년 가까이를 장터 주막에서 보내다가 중학교에 가기 전에 돈벌이의 어려움을 깨닫게 하려는 어머니의 계획에 따라 가족과 합류하여 마당 깊은 집의 단칸셋방에서 가족과의 새로운 상활을 시작하게 된다. 어머니 곁으로 돌아오기는 했으나 학교에도 보내주지 않고 애비 없는 집 장남을 강조하면서 세상살이의 어려움을 깨우치라고 밖으로 내모는 어머니에 의해 길남은 홀로 세상과 대결하고 극복해야만 하는 처지에 놓인다. 길남의 경제활동은 신문팔이로 시작된다. 물론 어머니에 의하여 제시된 돈벌이의 방편이다. 목청이 트이지 않아 '신문 사'라는 소리를 외치지 못하고 옆구리에 끼고만 다니던 첫날 이후 길남의 신문팔이는 빠르게 진전된다. 신문 파는 방법이나 그 날의 목표량 조절 요령을 터득하고 신문을 다 팔고 난 후에도 집으로 곧장 들어가지 않고 시내 구경을 하는 등 곧바로 세상살이에 적응을 시작한다. 사실 적응이라기보다 어머니가 계신 집으로 일찍 들어가면 잔소리만 더 듣는다는 계산이 숨어있다. 그러고 보니 친한 변호사 후배 중 매일 밤 집에 늦게 들어가는 친구가 생각난다. 굳이 별일이 없는데도 로펌 사무실에서 뭘 하는지 우두커니 있다가 갑자기 "형님, 뭐 하십니까?"라고 안부인사하는 그 친구에게 어느 날 고부간이 장서 간의 갈등을 듣게 되었다. 너무나 잘난 딸에 비해 변호사 사위마저 마땅치 않아 늘 잔소리를 해서 집에 들어가기 싫다는 그 친구의 넋두리를 들으면서 문득 신문을 다 팔고 나서도 집에 들어가기 싫어하는 장남 길남이 오버랩 된다.

강요되는 장자의 역할 수행은 순탄치 않다. 그렇기 때문에 마음의 위안을 얻을 다른 모델이 필요하다. 이는 곧 부재하는 아버지를 대신할 모델을 찾는다는 말과 통한다. 길남은 처음 돈을 버는 행위를 하면서 한주를 만나게 된다. 한주는 곧 길남이 겪는 사회활동에 적잖은 영향을 준 첫 번째 아버지상이 된다. 한주는 병든 어머니를 모시고 사는 소년 가장이다. 어쩌면 길남 자신보다 더 불우한 어린 시절을 보내는 동무지만 길남 스스로 감탄할 만큼 어른스럽다. 다음의 글귀에서 이를 확인할 수 있다. 길남은 자신의 처지와 운명보다는 오히려 한주에게서 장밋빛 성공을 점치고 있음을 알 수 있다. 자신도 너무나 풀빵을 먹고 싶었지만 친구인 길남에게 오히려 풀빵을 더 먹이는 형과 같은 배려와 아량에서 길남은 평소 느끼지 못한 아버지의 부정을 어쩌면 느끼고 있는지도 모른다. 한주는 후에 길남이 신문소의 직원으로 취직 할 때 큰 도움을 주고 어머니가 강요하는 세상살이의 첫 번째 관문을 무사히 넘을 수 있는 힘을 주는 인물이다.

한주가 그런 말을 할 때, 내 장래는 예측할 수 없었지만 한주만은 장차 돈을 잘 벌어 성공하리란 믿음이 갔다. 겉보기에는 그저 음전한, 눈에 잘 띄지 않는 아이였지만 속은 차돌처럼 여물로 악착같은 데가 있었다(「마당깊은 집」 78쪽).

한주가 나를 이끌었다. 그는 향촌동으로 내려가는 어귀에 있는 풀빵 굽는 손수레 포장 안으로 나를 데리고 들어갔다. 나는 풀빵 두 개를, 한주는 하나를 먹었다. 목이 메게 아귀아귀 먹는 내게 그는 마치 형처럼, 생각을 고쳐먹고 집으로 들어가라고 타일렀다(「마당깊은 집」 209~210쪽).

길남의 두 번째 아버지상은 삯을 받고 장작을 패 주는 일꾼 주억술이다. 주씨는 끈질긴 설득 끝에 주인집네 장작 패는 일을 맡게 된다. 외모와 달리 성실한 모습과 꼼꼼한 일처리로 주위 사람들의 환심을 사게 되고 결국 주인집의 식모인 안씨와 인연을 맺는 인물이다. 길남의 어머니는 그런 주씨의 일하는 모양새를 잘 봐뒀다가 나무패는 일을 배우라고 요구한다. 어머니는 비쩍 마른 길남이게 그런 일을 시키느냐는 주위의 야유에도 아랑곳 하지 않고 길남의 혼자 힘으로 해내길 기대한다. 이때 주씨는 난처한 상황에 빠진 길남에게 자상한 아버지의 역할을 해 준다. 이 장면에서 역시 어머니의 억척같은 모성애보다 더 진한 삶의 욕망과 열정을 느낄 수 있으며 길남은 강압적인 어머니의 요구에 못이겨 일을 시작하긴 했지만 주씨의 따뜻하고 배려심 깊은 행동에 아버지로서의 사랑을 느끼게 된다. 특히 나무패기의 잔잔한 기술과 노하우를 아낌없이 친절하게 가르쳐주는 장면에서 많은 감동을 받게 된다.

"세상 이치가 힘으로만 되지 않는 일두 많지. 항우 장사가 비윗돌을 들구 내리쳐두 개미가 안 죽는 수가 흔해. 나무패기도 그래. 도끼날이 흔들리지 않게 똑바루 내려와 통나무의 이마를 맞추어야 한다."(「마당깊은 집」 146~147쪽).

성장소설에는 정상적인 아버지상이 드물다. 더 정확히 말하자면 가족 부양의 책임과 아이들의 이상적인 모델이 되어야 할 부모

중 아버지의 부재 현상이 빈번하다는 것이다. 특히 한국 전쟁 후의 혼란한 시대적 상황을 껴안고 있는 김원일의 소설에서는 이념을 위해 운동하는 단체에 가입하거나, 그 결과로 죽은 아버지를 많이 접할 수 있다. 「마당깊은 집」의 주인공인 길남의 아버지는 월북한 좌익운동가로 암시되며 「어둠의 혼」에서 갑해의 아버지는 빨갱이로 처형된다. 김원일의 실제 아버지가 처형당한 일은 없지만 1950년, 가족에게 가난과 부재의 고통을 남기고 월북했다. 남겨진 김원일은 어머니의 강요에 의해서 뿐만 아니라 장남으로서 집안의 기둥 역할을 스스로에게 다짐했을 것이다

소설 속 어머니들은 가정과 아이에겐 무관심한 남편을 원망하면서도 가정을 지키려 애쓴다. 전쟁의 직접적인 피해자는 주로 남성(아버지)이지만 남성의 피해로 인한 여성(어머니)의 수난은 곧바로 엄청난 비극으로 이어진다. 말하자면 '아버지의 부재'는 곧 '어머니의 수난'이라는 등식으로 연결되고 있는 것이다. 현실적이고 속물적인 어머니들의 성격은 그들을 혼란한 사회에서 살아남을 수 있게 한 원동력이 된다. 억척스럽고 생활력 강한 여자로 그려지는 '아버지 같은 어머니'는 오직 장남에 대한 기대로 버티는 인물이다. 어쩌면 어머니의 넋두리는 길남이 스스로 극복할 수 없는 바윗돌처럼 무섭고 무거운 인생의 짐으로 느껴질 수도 있다. 하지만 가족이라는 이름하에 한 울타리에 같이 기거를 하고 공생을 하기에 어쩔 수 없는 상황이다. 그러면서 길남은 어머니의 너무

강한 요구가 부담스럽고 도저히 불가능하다고 느껴면서 좌절을 하기도 한다.

"길남아, 니 아부지가 있으모 우리가 이런 설움 당하겠나. 여자 혼자 바느질 해묵고 산다고 정기사가 사람 깔보는 거 바라. 백 환만 깎아달라 캐도 택도 없다 안카나. 일주일 안으로 이사를 오겠다고 땅땅 큰소리리치이, 내가 그 남정네를 우예 상대하겠노. (중략) 나는 도무지 어머니의 맺힌 한을 풀어드릴 수 없을 것 같았다. 내가 여자로 변할 수 없다면 어서 세월이 흘러 머리 허옇게 센 노인이 되고 싶다고 내가 생각하기 시작한 것도 그날 아침 어머니 그 말씀을 들었을 때부터였다(「마당깊은 집」, 160~161쪽).

거리를 방황하는 길남은 자신의 첫 번째 아버지상이었던 한주를 찾지만 한주는 길남의 귀가를 권유한다. 누나의 설득도 거절하는 길남은 누나의 모든말은 거짓말이고 진짜 어머니는 없다고 단정한다. 대신 '뒈져라 니 같은 종자는 밥만 축낼 뿐 살 필요가 읎다. 자슥새끼 하나 전쟁통에 죽었다고 생각하모그 뿐, 한분 죽어봐라'며 매타작을 놓는 어머니의 일부분만 전경화된다. 이런 의미에서 방황하던 길남이 꾼 꿈은 어머니에 대한 이미지가 얼마나 강박화되었는지 말해준다. 재봉틀을 발명한 하우가 토인 추장에게 죽는 순간, 창 끝에 나 있는 구멍을 보며 길남은 잠을 깬다. 창 끝에 난 구멍은 재봉틀 바늘에 찔린 어머니와 이어진다. 비록 가출은 했지만 길남 스스로 어머니의 주위에서 벗어날 수 없는 것이다.

현실적인 시련을 줌으로써 사랑을 베푸는 것이 「마당깊은 집」 어머니의 상이라면 가출할 때의 길남은 그러한 사랑의 방식을 이해할 수 없었던 상태에 있었다고 할 수 있다. 그러나 갈 곳이 없어 노숙하던 대구역에서 꾸는 '하우의 꿈'은 길남이 역설적인 어머니의 사랑을 이해하기 시작했다는 것을 알려주는 증좌이다. 어머니가 뾰쪽한 바늘에 찔려 피를 흘렸던 사건이 가출의 직접적인 동기가 되었다면 길남 역시 뾰족한 창에 찔린다는 지엽적인 공통성만이 그가 그 꿈을 꾼 전적인 이유이다. 그렇지만 그 공통성은 길남이 매우 중요한 성장 단계에 있다는 명백한 증거이기도 하다. 이는 길남이 실제로 존재하는 어머니의 현실적인 고통과 같이 하려는 심리적 사태를 나타내기 때문이다. 이런 심리 상태에는 길남이 바라던 풍요로운 어머니가 존재함을 의미한다. 가령 구두닦이 아이나 불량배에게 신문을 빼앗기고 주머니를 몽땅 털려 울며 집으로 돌아왔던 날, 어깨를 다독거려주며 길남에게 '그기 바로 돈 주고도 몬 살 갱험아인가. 어데 다친 데 읎으이 다행이다. 여게서 니 용기가 꺾이모 다른 더 큰 난관은 넘을 마음도 몬 가지지러'하고 격려해준 말이나 꿈에서 깬 뒤 새우잠을 자다 어머니가 직접 찾으러 나오셨을 때 본 어머니의 눈물 같은 것이 왜곡된 어머니상의 지향에도 불구하고 살아남은 진짜 어머니의 초상이다. 이런 초상들이 무의식에 의해 길남은 결국 귀가하여 진짜 고깃국을 먹게 된다. 고깃국을 먹을 때 진짜 어머니의 이미지는 훼손없이 아이에게 살아남는다. 진짜 어머니의 존재를 확인하자 길남의 태도는 변하게 된다. 어머니의 마음에 들기 위해 죽을 힘을 다해 장작을 패는 행위가 그 예이다. 모자 사이의 화해와 가짜 밑에 감춰진 진짜 어머니를 수용할 수 있는 유연함을 상징하는 것이다.

성인과 구별되는 아동들의 가장 특징적인 것 중의 하나가 바로 본능에 충실하다는 것이다. 아직 사회화를 경험하지 못한 아동들은 인간의 가장 원초적인 욕구를 억제할 능력, 즉 이성에 자각하지 못한 상태이다. 프로이드는 본능에 충실한 것을 쾌락원칙으로, 욕구충족을 지연시키려는 마음자세를 현실원칙으로 보고 나이가 어릴수록 쾌락원칙에 따라 움직이고 성인이 되면서 현실원칙을 따르게 된다고 하였다. 길남은 인간의 가장 기본적인 본능에 충실하다. 바로 배고픔, 굶주림의 고통이다.

비에 쫄딱 젖은 옷을 통해 느껴지는 한도 그렇지만, 물 괸 고무신 안에 뽈짝거리는 소리만큼이나 허기가 배를 볶아대었다. 김천댁 구멍가게까지 오면 그네가 드럼통 철판에 익혀내는 풀빵 내음이 절로 입 안에 군침을 돌게 했다. 고기 반찬에 쌀밥 한번 들퍽지게 포식해 봤으면, 할 정도로 대구 생활의 내소원은 그저 먹는 생각 뿐이었다(「마당깊은 집」, 47쪽).

나가며

마당깊은 집에는 사실 나름 사는 것처럼 보이는 주인집을 포함에서 6·25 전쟁으로 인해 어쩔 수 없는 피난길에 잠시 머물다 같이 살게 된 가족들이 오순도순 모여 살고 있다. 어쩌면 이 좁은 공간이 당시 우리나라를 축소화한 형상이라고 할 수 있다. 여기에서 애환을 갖고 살아가는 사람들의 모습과 특히 나이 어린 나라는 화자를 통해 전쟁이 가져다주는 피폐와 고통, 암울한 참상에 대해 사실적으로 보여주는 것이다. 그리고 어린아이였던 나와 성장해서 다시 과거를 돌이켜보는 또 다른 나를 교차시킴으로써 성장소설이 갖는 묘한 의미마저 느끼게 한다. 본 소설의 결말은 주인집이 이 애틋한 마당깊은 집을 헐결을 선포함에 따라 그나마 오순도순 때로는 서로에 대한 아귀다툼으로 전철된 복잡미묘한 인간관계를 청산하고 뿔뿔이 흩어짐으로써 결말을 맺게 된다.

이 책을 읽으면서 아련한 과거에 대한 기억들이 새록새록 떠오르는 이유가 무엇일까? 마지막까지 읽어내려 가면서 내 눈은 어느새 촉촉이 젖어 있었다. 과거에 대한 그리움과 회상, 회한 등 복잡한 감정이 뇌리를 스쳤다. 이 작품에 나오는 주인공인 장남이다. 대한민국에서 장남이란 위치는 여러 가지 의미를 지닌다. 왜 그토록 장남에게 집착하느냐 생각해보면 아무래도 무능한 남편대신에 기댈 수 있는 정신적 지주로 생각하는 것 같다.

박완서『그대 아직도 꿈꾸고 있는가』논평

그대 아직 꿈꾸고 있는가? 이 말은 보통 아직도 현실을 제대로 직시하지 못하고 멍하니 공상에 잠긴 사람들에게 일침을 가할 때 가끔 쓰는 표현이기도 하다. 그만큼 이 작품이 갖는 사회적 의미는 지대하다고 할 수 있다. 이 작품의 작가인 박완서는 국민작가라고 할 정도로 그 호칭이 아깝지 않은 한국현대 소설계에서 거목으로 자리매김하고 있다. 많은 이유들이 있겠지만 그 중에서도 당연코 작가의 굴곡진 삶에서 우러나오는 경험이 사회적배경과 적절히 매치되고 조화를 이루면서 독자들에게 큰 공감대를 일으키기 때문이라고 생각한다.

박완서(1931~2011)는 한국 현대문학사에서 주춧돌 같은 역할을 하는 작가로 1970년 40세라는 비교적 늦은 나이에 등단했지만 다작을 통해 대중의 사랑을 많이 받았다. 1970년 초작인 나목을 비롯해서 무엇보다 한국인의 내면에 깊이 잔재한 감성을 자극하여 독자들의 공감대를 이끄는데 성공했다고 볼 수 있다. 단순한 상상력이 아닌 본인의 경험치가 어느 정도 작용을 했기 때문에 이토록 다양한 스펙트럼에서 때로는 전쟁의 아픔을 때로는 물질만능주의를 신랄하게 비판하고 여성으로 대한민국에서 살아가는 현실적인 문제를 적나라하게 표현할 수 있었다고 생각한다. 특히 한국사회에 뿌리깊이 잔재하는 규범화되고 정형화된 젠더로부터 서서히 돌파구를 찾아 자신의 세계를 꾸려나가려는 여성인물에 대한 디테일한 묘사를 통해 한국사회의 변화를 잔잔한 필치로 요구하고 있는 것이다. 본 작품인 그대 아직도 꿈꾸고 있는가는 사실 여성신문에 연재되었다가 단행본으로 엮어 출간된 작품으로 그 전에도 사실 여성해방이라는 주제를 '살아있는 날의 시작', '서 있는 여자'에서 어느 정도 보여주었고 이와 맥을 같이 하여 보다 적극적으로 가부장 중심의 한국사회에서 성차별 이슈를 확대시키고 비판하여 사회적 변화를 도모하고 있는 것이다. 누구나 자신이 겪는 현상에 대해 어느 정도 왜 이럴까 생각할 수는 있지만 이러한 문제를 적나라하게 표현하고 자신만의 가치를 추구하여 글로 표현하기가 쉽지만은 않은데 그런 면에서 박완서는 자신의 문제를 소용돌이치는 사회속에서 심도있게 묘사하고 경제적 성장만 중시한채 한켠으로 내팽겨쳐진 여성문제의 본질을 한겹한겹 펼쳐내 보임으로써 사회적 문제를 환기시키고 확장시키는 것이다.

어쩌면 내가 20대 초반을 살았던 당시 90년대를 배경으로 하고 있기 때문에 쉽게 공감이 되었는지도 모른다. 주인공은 35세의 차문경이다. 최근에 82년생 김지영이 여성들은 물론 남성들에게도 적잖은 반향을 일으킨 것처럼 당시 원작은 물론 방송을 통해 그대 아직 꿈꾸고 있는가?는 엄청난 센세이션을 일으켰다. 그때나 지금이나 남녀위상과 결혼의 환상에 대한 허상은 아직도 이

어지고 있기 때문에 더더욱 공감대를 형성하는 지도 모른다. 내가 보기에 아직도 이 작품에서 이야기하는 모성애는 다른 여타 나라들과 사회와는 다른 한국만의 특별함이 있다고 생각한다. 이 작품 속에서 등장하는 내용이 아직도 2021년 한국드라마에 그대로 등장하는 것을 보면 세상이 달라졌다고 하면서도 과연 어느 정도 달라졌는지 의문을 갖게 한다. 아무리 모성애가 강해도 법적으로 이에 대한 대처능력이 없으면 여전히 한국사회에서 여성이 남성에 맞서 자식을 키우기란 쉽지 않고 심지어 자식에 대한 친권과 양육권을 주장하기가 쉽지 않은 것이 사실이다. 드라마 아들과 딸에서 드러났듯이 아직도 남아를 선호하는 사상이 여전히 우리사회에 존재하는 것을 보면 앞으로 한국사회가 어느 정도 시간이 지나야 이런 문제가 해결될까 생각이 든다. 따지고 보면 유교사회가 갖고 있는 근본적인 문제가 아닌가 생각이 든다. 제사를 지내야하는 한국인의 문화적 특성상 여성은 아직도 제사에서 제외되고 배제되는 현실에서 남아를 선호하는 것은 어쩌면 당연한 현상으로 치부될 수도 있다. 그러한 측면에서 이 책은 아들과 딸의 차이점에 대한 애매한 지점을 적절하고 잘 표현하고 있다는 생각이 든다. 아무리 딸이 좋다고 하는 세상이 되었고 육아에 있어서 여성인 엄마의 역할이 커지고 자녀를 양육하는데 친가보다는 외가의 도움이 큰 것이 사실인 세상이 되었지만 그렇다고 남아에 대한 선호사상이 줄어든 것은 아니라고 본다. 맞벌이 하는 부부에게서도 은근히 수퍼우먼을 원하는 남자들의 때로는 이기적인 본성과 마인드가 아직도 우리 사회 곳곳에 남아있다. 시부모 봉양도 잘하고 돈도 잘벌고 집안일도 잘하고 그러면서 육아를 잘하는데 아들까지 낳아주기를 원하면서 게다가 육아를 하는데 가급적이면 친정의 도움을 받지 않고 처가는 멀리 떨어져있거나 아님 필요할 때만 살짝 와서 도와주고 일이 끝나면 어디론가 사라져주기를 바라는 남성들의 편협한 사고가 있지 않을까 그런 생각이 든다. 이 책에서는 여러 가지 사회적 이슈를 던지고 있다. 여자는 과연 어떤 결혼을 희망하는지 남자는 그렇다면 또 어떤 결혼을 희망하는지 재혼은 초혼과 얼마만큼 다른지, 부모가 자식에게 꾸는 꿈은 무엇이고 자식은 과연 부모를 통해 어느 정도 보호를 받을 수 있는지 정말 무수한 질문을 통해서 사회적 관심과 이슈를 환기시킨다. 요즘도 결혼업체가 성행을 하고 조건에 맞는 결혼을 꿈꾸고 때로는 맞지 않아 이혼을 하여 돌싱남 돌싱녀가 되어 새로운 사랑을 꿈꾸는 이야기가 방송에서 거침없이 쏟아지는 것을 보면 예나 지금이나 과연 어느 정도 달라졌는지 다시 한 번 생각해보게 된다. 이 작품에서는 너무나 사랑을 했고 사랑해서 그러한 사랑으로 인해 아파하고 괴로워하고 슬퍼하는 사람들 그래서 영원히 꿈에서 깨어나고 싶지 않은 사람들에 대해 냉철한 현실의 잣대와 칼날을 통해 일침을 가하고 있다. 막연한 사랑이 가져다주는 아름다운 환상에서 깨어나 잿빛 현실을 타파하기 위해서는 냉철한 이성과 지성, 문제를 올바르게 꿰뚫는 분석력이 필요함을 제시하고 있다. 그러면서 이러한 굴레에 대해 '왜'라는 의문점을 통해 사회적 장치와 기존의 관습이 갖고 있는 문제점들이 얼마나 크고 지대한지 때로는 적나라하게 때로는 예리한 필치와 은은한 제시를 통해 문제점을 환기시키고 있는 것이다. 사실 90년대를 살면서는 몰랐는데 30년이 흐른 지금 돌이켜보면 90년대 사회적 현실은 지금과 자못 달랐다는 생각이 든다. 요즘이야 이혼녀에 대한 사회적 인식이 많이 달라졌고 재혼이나 미혼모에 대한 사회적 편견이 많이 완화되어 방송에서도 자연스럽게 이러한 처지에 대해 얘기하는 것을 종종 볼 수 있는데 당시만 해도 그러한 분위기가 아니었던 것으로 기억된다. 그리고 결혼에 대해서도 많은 생각을 갖게 하는 대목이다. 작품에서 드러난 여주인공 35세의 차문경이 과연 결혼이라는 제도하에서 일명 팔자 좋은 여자일 수도 있고 아니면 아직 세상물정을 모른채 여전히 몽상속에 허우적대는 철없는 엄마일수도 있다. 그대 아직도 꿈꾸고 있는가의 차문경이라는 초등여교사는 이혼녀이다. 결혼에 한 번 실패한 차문경과 부인과 사별한 지 얼마 되지 않은 김혁주, 비슷한 시기에 홀로된 이들은 동창회에서 재회하고 곧바로 사랑에 빠진다. 문경은 부인과 사별한 지 얼마 지나지 않은 혁주를 생각해 3년이 지난 뒤 결혼을 하기로 하지만 문경이 의심해마지 않던 둘의 결혼은 혁주의 변심으로 깨지고, 문경은 미혼모라는 굴레와 아비 없는 아이, 가난한 삶만이 남았을 뿐이다. 작가가 교사라는 전문직 여성을 내세운 이유에 대해서는 한국사회에서 이 정도의 경제적 안정과 지적인 수준을 가진 여성도 대한민국의 여러 민법에서 회자되는 제도의 굴레하에서는 쉽게 살아갈 수 없음을 표현한 것이 아닌가 그런 생각이 된다. 90년대라면 여타 많은 80년대의 풍파를 이겨내고 그래도 오렌지족이나 X세대라는 말이 자연스럽게 나올 정도로 변모를 꿈꾸던 시대인데 그러한 분위기 속에서도 여전히 결혼이라는 굴레하에서 또는 한국사회가 기존에 막강한 세력을 구사했던 남성위주의 사회적 가치와 범주 하에서 여성이 혼자 미혼모로서 시댁에 맞서 아니 현상태에서 시댁도 아닌 그들과 맞서 아들을 지켜내기가 이렇게 험난한지를 작가는 보여주고자 하는 것이다. 사랑했기에 아마도 문경과 혁주는 아이를 가졌는지도 모른다. 작품에서 문경은 이혼한지 몇 년이 흐르고 김주혁이라는 회사원의 아이를 가지게 되는데, 결국 김주혁은 차문경을 배신한다. 아무래도 당찬 커리어우먼임을 자부하며 차문경은 낙태를 하지않고 아이를 기르리라 다짐하지만 주위 사람들의 시선이 곱지 않다. 당시만 해도 교사가 결혼을 하지 않은채 아이를 낳아 기른다는 것이 교육적으로 크게 문제가 된다고 생각하여 교장은 문경에게 사표를 요구하고, 어린이 집을 차리면 학부모들이 과거를 언급하면서 이러한 자질을 갖춘 사람에게는 아이를 맡길 수 없다면서 자신들의 아이를 빼가고, 더더욱 뒷목을 잡게 하는 부분은 비록 남자이긴 해도 이 소설의 말미에서 보여주는 김주혁의 가족들이 문경을 아들 문혁을 빼앗기 위해 가정소송까지 건다는 사실이다. 예전에 텔레비전에 방송된 사랑과 전쟁과 내용 전개가 다를 것이 없다. 처음에는 나몰라라 하다가 그것도 항상 여자를 배신하고 자신의 행복을 찾아 떠나간 남자에게 유독 마지막 자신의 행복을 마무리지어 주는 열쇠같은 퍼즐인 아들이 없어서 결국 악역인 시어머니가 등장하고 이로부터 단지 정자를 제공했다는 이유만으로 대한민국 사회는 여전히 지금도 친권주장을 당당히 하는 것을 보면 비록 법학을 공부했고 아직도 여전히 공부하고 있지만 과연 한국사회는 어느 정도 변할 준비가 되어있는지 묻고 싶다. 달라진 것은 무엇일까? 그리고 과연 달라질 준비는 하고 있는지 많은 법적인 부분들이 발목잡고 있음을 깨닫게 된다. 작품에서는 그나마 여성인 문경에게 유리한 쪽으로 가닥을 매듭지었지만 그렇다고 문제가 완전히 해결되어 봉미를 지은 것은 아니다. 물론 주혁이 소송을 포기한 이유에 대해서는 여러 가지 가정을 해보게 되는데 왜 굳이 자신이 유리한 고지에서 승소할 수 있었지만 포기했는지 많은 의구심을 들게 한다. 여성이 이러한 지리한 사회적 싸움에서 이기기가 쉽지 않은데 전혀 인과관계도 없이 끝을 내는 것을 보면서 이것이 마치 진실을 호도하고 없애버리는 꿈과 같은 것이 아닌가 그런 생각이 들고 다른 한편으로는 주혁이 자신의 잘못을 반성하고 소송을 포기했으리라는 생각이 드는데 과연 이런 사람이 현실에서 몇 명이나 있으며 단순히 남성이 포기를 해야지만 여성이 자신이 그마나 누리는 것을 차지하는 이러한 사회적 현상도 다시 한 번 조명하고 되돌이켜볼 필요가 있다고 생각한다.

박완서 작가는 자신이 평소 얘기하고자 한 그러면서 자신이 여성으로서 대한민국에서 살아가면서 느낀 문제의식을 이 책에서 고스란히 펼쳐내 보이고 싶었던 것 같다. 사실 남성이 아무리 이해하려고 해도 이해할 수 없는 한국사회에서 여성으로 살아가는 문제는 아직도 여성의 발목을 잡고 있는 것이 현실이다. 그렇다고 이러한 문제를 오롯이 남성의 잘못으로 치부하기에는 또 다른 여성의 문제도 있다. 물론 자의식이 강하고 스스로 일어날 수 있는 여성들이 많고 또한 추세도 그렇게 흘러가는 듯한 느낌이 들긴 하지만 아직도 한국사회에서 결혼을 마치 잭팟을 터뜨리는 일종의 신분 상승이나 삶의 위치를 변모시키거나 상승시키는 도구로 생각하는 사람들이 있는 것도 사실이다. 남성이나 여성이나 그런 면에서는 마찬가지인데 아직도 한국사회의 구조는 여성들이 쉽게 사회적 지위나 위치에 일정 부분 올라가기까지는 유리벽이 있는 것이 사실이기에 아마도 그러한 것 같고 사회적 제도나 장치 역시 달라지고 있고 달라진 것들이 있기는 하지만 여전히 남성위주의 가풍이 헌법이든 일상적인 관습에서 비롯되는 사회적 제도에 고스란히 묻어 있기에 현재 살아있는 부모 세대의 관습이나 때로는 인습이 타파되지 않는 한 한국사회의 여성들이 일명 꿈꾸는 세상은 쉽게 오지 않을 것이다. 나아가 여성 스스로 주인의식이나 전문적인 교육을 통해 자신만의 경제적 위상을 통해 독립적인 위치를 구축하지 않는 이상 결혼이라는 울타리에서 벗어나 독자적인 모습과 형태로 아이를 낳아 혼자 키운다는 것이 얼마나 어려운지 이 책에서는 다시 한 번 그 본연의 의미를 깨우쳐주는 것이다. 모성에서 비롯된 감성만으로는 내가 낳은 자식마저도 제대로 지킬 수 없는 대한민국 사회의 민낯을 이 책에서는 이야기하고 있는 것이다. 그럼에도 현실을 직시하지 못하고 여전히 꿈을 꾼다면 그것은 아름다운 꿈이 아니라 망상에 지나지 않는다고 파악한 것이다.

나가며

이 책에서 작가는 '호주제'라는 남녀 불평등한 악습을 따른 제도를 소재로 삼아 사회에 잔잔한 파문을 일으키고 있다. 가부장적 전횡을 여성의 입장에서 파헤쳐온 작가적 역량이 생생한 캐릭터 속에 녹아들어 있는데 특히 사회 깊은 곳에 잔존한 여성 해방 욕구를 행정적, 법적 제도와 엮어, 전통적 권력과 제도적 권력에 움츠려 있던 대중과의 소통을 효과적으로 성공시킨 것으로 평가받고 있다. 세월이 지났지만 여전히 옆집 아줌마처럼 친근하고 푸근한 우리네 엄마를 연상시키는 박완서 작가를 떠올리면 행복한 생각이 든다. 작위적이지 않고 자연스런 필치로 마치 멀리서 목소리가 들리는 듯 물 흐르듯 부드럽게 글을 그리듯 전달하고 마치 보물 창고같이 뜻밖의 어휘들이 전혀 어색하지 않게 문장 속에 숨어 있는 그녀의 글을 통해서 굳이 딱딱하게 논리적으로 쓴 글만 아니라 부드러운 필치이지만 날카로운 시각을 통해 한국사회의 가부장적인 제도에 정면 도전하는 이러한 비판적 의식을 통해 다시 한 번 남성이지만 그녀의 가치관과 대한민국 사회에 던지는 메시지에 귀를 기울이게 된다.

김동인 『감자』 논평

〈감자〉는 작가 김동인의 대표작이다. 작가 김동인은 한국 현대 소설의 개척 분야에서 빼 놓을 수가 없는 작가인데, 그런 작가의 대표적이라고 하면 그 의미가 더더욱 깊다. 소설 〈감자〉는 단편 소설이 갖출 수 있는 명작의 조건을 모두 지니고 있다. 짧은 내용 속에 살아 있는 강렬한 등장인물, 명확하면서 선 굵은 줄거리, 파멸에 대한 시대적인 이유 등 다양한 요소들이 작품에 깃들어 있다. 그 시대의 암울한 특성을 잘 반영한 대표적인 단편으로도 분석이 가능하다. “먹기 살기 위해서 어쩔 수 없는 일이었다” 과연 사실일까? ‘사회가 인간을 만드는가? 인간이 사회를 만드는가?’ 이 질문에 대한 답은 여전히 명확하게 존재하지 않는다. 수 많은 지식인들과 철학자들이 이 문제를 두고 입씨름을 벌였지만, 아직까지는 상이한 두 이론이 존재를 할 뿐, 보편적으로 정론으로 받아들여질 그런 이론은 없다. 이 작품에서 ‘복녀’가 아무리 가난에 시달렸다고한들 그녀가 그런 제안을 받아들이지 않았다면 타락하지 않았을 수도 있다. 그러나, 당시 그녀와 얽혀 있던 상황은 그런 유혹을 뿌리칠 수가 없을 정도로 치명적이고 결정적이었다. 기본적인 의식주가 보장되지 않는 상황은 인간을 어떤 식으려 변화시킬 수 있다는 것을 작가는 이 작품을 통해 알려준다.

이 작품은 '복녀'라는 여성의 기구한 일생을 다루고 있다. 이름과 인물의 일생이 전혀 들어맞지 않아 반어적인 느낌을 주는 문학적인 장치라고 할 수 있다. 주인공의 이름은 '복녀', 즉 복을 받은 여자, 복이 있는 여자라는 뜻이지만 주인공의 일생은 조금도 복이 있지 않았다. 그녀의 비참한 마지막을 생각해 보면 '복녀'라는 이름은 더더욱 황망하게 들린다. 사실 복녀와 나와의 접점 공통점을 찾기란 쉽지가 않다.

이 작품에서 일어나는 '복녀'의 타락은 시대에 의해 강요된 변화다. 이 작품은 아주 사회구조적으로 등장인물의 변화를 서술하고 있다. 어떠한 이유로 '복녀'가 다른 남자들에게 몸을 허락하게 되었는지를 안에서부터 분석하지 않고 밖에서 분석하고 있다. 복녀는 팔려 가듯이 무능한 남편에게 시집을 갔으며, 가난에 시달려 빈민굴에서 동냥을 하다가 송충이 잡는 일을 시작으로 인생이 바뀌기 시작한다. 이 부분에서 '복녀' 개인의 주체가 끼어들 여지는 지극히 협소하다. 그녀는 사회의 풍파에서 살아남기 위해 이리저리 애쓰다가 그런 나락으로까지 떨어졌으며, 결국에는 '왕 서방'과의 몸싸움 끝에 목숨을 잃었다.

물론 '복녀'가 죄를 지었는지는 애매하다. '복녀'의 행동을 일종의 매춘으로 볼 수도 있지만, 일반적으로 매춘에 대한 인식은 시대를 불문하고 여타 다른 범죄와 다르게 여겨지기도 했다. 특히

'복녀'처럼 가난에 시달려 어쩔 수 없이 그런 상황에 내몰린 사람들에게 죄를 묻기에는 쉽지가 않다. 그렇기 때문에 '복녀'를 죄인으로 규정짓는 건 다소 무리가 있다. 작품의 분위기나 '복녀'의 일생을 비추어 보면 타락이나 잘못된 변화, 추락 정도로 분석할 수 있지만 명백하게 그녀가 죄를 지었다고는 해석이 되지 않는다. 행동에는 이유가 있었고, 원인과 배경 사정이 분명히 있었다. 게다가 합의 하에 이루어진 관계이므로 과연 그녀의 허물에 어디까지 책임을 물을지는 수없이 많은 이론과 주장이 있을 수도 있다.

예로부터 인간의 타락이 사회의 책임인지, 본인의 책임인지 그 비중을 따지는 문제가 많이 논의되고는 했다. 소설 〈감자〉에서는 후자의 쪽에 손을 들어주고 있다. 작품 처음에 '복녀'는 그래도 막연하게나마 도덕에 대한 기품이 있는 인물로 소개된다. 그런 그녀가 겪은 풍파는 정말 매혹할 정도로 고통스러웠다. 왜 누구도 '복녀'의 사정에 귀를 기울이지 않았는가? 그녀가 그렇게 된 책임을 어디서부터 물어야 하는가? 근본적인 질문이 작품을 읽고 나면 저절로 나오게 된다. 그녀가 그런 환경에 놓여 졌을 때부터 타락은 예정되어 있었다. 견딜 수 없는 수난이나 고통을 주면 인간은 어떤 방향으로든 비뚤어지기 마련이다. 몸이 아프거나, 마음이 아프거나, 둘 다 아프거나. 그런 절박한 상황에 놓여 졌을 때 종종 인간은 타락의 권리를 얻는다. 혹은 얻는다고 생각한다. 먹고 살기 위해 본인이 하는 모든 행동에 당위가 생기는 셈이다.

'복녀'에게 그 당위의 정체성은 매춘이었다. 그렇기 때문에 그녀가 그렇게 된 일차적인 책임은 주위 사람들과 환경에 있었다. 적어도 이 작품에서는 사회가 사람을 만들었다. 남편은 무능했으며, 남자들은 그녀에게 몸을 요구했고, 나중에 필요가 없어지자 그녀를 버리려고 했다. 그녀는 그 척박한 상황에서 살아남기 위해 스스로 도구화되는 것을 자처했으며, 나중에는 가치가 떨어지게 되자 그 상황을 견디지 못하고 낫을 들었다. 이는 '복녀' 역시 처절하더라도 생존을 갈구하였던 그런 평범한 인간이었다는 것을 증명한다.

이 작품은 1925년에 발표되었다. 당시 우리나라는 일제에게 나라를 강탈당하고 전례 없는 수난을 겪었던 시기였다. 이 작품은 당시의 서민들이 어떻게 벼랑 끝까지 내몰리고 있었는지를 생생하게 보여준다. 물론 일제가 착취를 하거나 국민들을 괴롭히는 그런 내용은 직접적으로 나오지 않지만, 기존의 지배 계층이 몰락해 가면서 새로운 사회에 적응을 하지 못해 그대로 무너져 내리는 그러한 상황을 이 작품은 반영한다. 물론 이 작품에서 '복녀'의 처절한 운명은 무능한 남편이 그 원인이 컸다.

그렇다면 왜 마지막에 '복녀'는 '왕 서방'의 아내를 죽이려고 했을까? 이 부분에서 '복녀'의 심리는 뚜렷하게 구분할 수가 없다. 증오와 분노, 슬픔과 질투, 절망 같은 감정들이 복합적으로

뭉쳐 있었던 상황이었기 때문이다. '복녀'가 진지하게 '왕 서방'을 사랑했다고는 해석하지 않는다. 그녀는 감자를 훔치다가 그의 눈에 들었고, 그 뒤로 몸을 섞는 사이가 되어 가난에서 조금이나마 벗어날 수 있었다. '복녀'의 남편은 경제적으로 아주 무능했고, 그들 부부가 살아남기 위해서는 '복녀'가 그렇게 무슨 일이든 할 수밖에 없었다. '왕 서방'과의 관계는 '복녀' 부부가 그 험한 사회에서 살아남을 수 있는 유일한 방법처럼 보였다. 물론 '복녀'는 '왕 서방'과 관계를 끊고 제대로 일을 하며 살아갈 수도 있었지만, 그렇게 모든 상황을 되돌리기에는 그녀의 심정 변화가 아주 심했다. 즉 그녀가 가난 때문에 낯선 남자에게 몸을 허락한 순간부터 도덕적인 기품을 유지하고 있는 여인이 아니게 된 것이다. 작품 초반과 비교해 볼 때 후반부의 '복녀'는 아주 다른 사람이 되었다고 봐도 무방하다. 그렇게 변화한 그녀 때문에 '복녀'는 더더욱 '왕 서방'의 품에서 벗어나지를 못했다.

'왕 서방'은 '복녀'의 마지막 생존 수단이자 인생의 변화를 상징하는 그런 인물이었다. 그렇기 때문에 그녀는 그에게 무척 복잡한 감정을 품고 있었음이 분명하다. 그렇게 구세주처럼 돈을 내주는 상황에서 '왕 서방'에게 일종의 동경 어린 감정이나 사랑을 느꼈을 수도 있고, 혹은 그렇게 타락해가는 자신의 처지에 비추어 볼 때 경멸이나 증오를 밑바닥 깊숙이 숨기고 있었을 수도 있다. 마지막에 '왕 서방'이 결혼을 한다고 했을 때, '복녀'가 느꼈던 절망감은 그것이었다. 더 이상 전처럼 돈을 벌 수 없다는 절망감과 그동안 이용만 당했다는 분노, 새로운 여자에게 '왕 서방'을 빼앗겼다는 질투심과 자신이 어렴풋이 부정하고 있었던 현실에 대한 재확인 등. 이 모든 부정적인 상황이 복합적으로 겹쳐서 '복녀'는 낫을 들었다. 그렇기 때문에 그녀가 막연히 질투심 때문에, 혹은 배신감 때문에 그런 행동을 했다고는 보이지 않는다.

이미 막바지에 낫을 들고 '왕서방'의 집으로 찾아간 '복녀'는 반쯤 미쳐 있었다. 실제로 그녀는 광기 어린 웃음을 흘리면서 '왕서방'에게 집으로 같이 가자고 한다. 이는 그녀가 돌이킬 수 없을 정도로 망가져 있었다는 것을 그대로 보여주는 장면이다. 험하고 괴로운 사회에서 살아남기를 강요받다 보니 정신적으로 무너져 내렸다는 것을 마지막 장면에서 반쯤 실성한 모습을 통해 작가는 아주 직접적으로 보여준다.

이 작품은 기승전결이 뚜렷하다. 어떻게 '복녀'가 타락하게 되었고, 또 어떻게 그녀가 목숨을 잃게 되었는지를 처음부터 끝까지 확실히 보여준다. 처음에 '복녀'의 집안과 그녀의 남편이 갈등을 빚는 부분과 가난 속에서 무너져가는 '복녀'의 모습은 배경적인 상황이 모두 구체적으로 서술된다. 그렇다 보니 이 작품에서는 '복녀' 개인의 고뇌나 의식이 서술될 부분은 존재하지 않는다. 모든 것이 그녀의 행동과 주위의 욕망에 따라 결정되기 때문이다.

그래서 이 작품에 등장하는 인물 '복녀'는 살아있는 캐릭터라기보다 작가가 주제 의식을 표현하기 위해 이용한 장기판의 말판 같은 느낌이 드는 것도 사실이다. 그러나 이 점에서 이 작품이 시사하는 주제 의식이 드러난다. 이 작품에 등장하는 '복녀'는 그런 수많은 사람 중 하나다. 이 작품에서 '복녀'에게 특별한 실존성이나 주체성을 부여하지 않으며, 오히려 그녀의 상황을 수없이 많은 여인들이 겪었던 고통 중 하나로 간주한다. 그렇다 보니 '복녀'는 특이한 개인이 아니다. 그 당시 그처럼 많은 고통을 겪었던 수많은 다수 중 한 명이다. 그래서 이 작품은 '복녀'라는 인물을 통해 보편적으로 수많은 사람들이 겪었던 고통과 슬픔을 표현한다. 당시에 '복녀'와 같은 처지에 있었던 사람들이 한두 명이 아니었으므로, 굳이 '복녀'에게 특별한 위치를 부여할 필요는 없었다. 오히려 행동의 전후 원인이 뚜렷한 '복녀'의 행동에 사회적인 배경을 강조함으로써 당시 수많은 사람들이 겪었던 고통을 상징화하는 것이 가능했다.

감자는 예로부터 세계적으로 서민들의 굶주림을 해결해 줬던 구황 작물이었다. 실제로 유럽에서도 감자에 병이 생겨 감자 수확이 줄어들자 수없이 많은 사람들이 굶어 죽었다. 동서양을 불문하고 감자는 그렇게 수많은 사람들이 목숨을 의지할 수 있었던 소중한 식량이었다. 그런데 이 작품의 제목은 왜 '감자'일까? 이 작품에서 '복녀'는 감자를 훔치다가 '왕 서방'에게 걸렸다. 그리고 본격적으로 '왕 서방'과 몸을 섞기 시작하면서 그녀는 한층 더 타락하기 시작했다. 이전까지는 송충이를 잡는 일터에서 감독관들에게 간단하게 몸을 허락하는 정도였으나, '감자' 사건 이후부터는 자신의 집으로도 '왕 서방'을 부르고 '왕 서방'의 집에 제발로 찾아가기도 하는 등 이전과 완전히 다른 사람이 되었다.

그녀에게 '감자'라는 아주 기본적인 구황 작물도 허락되지 않았다는 점에서, '감자'는 '복녀'가 인간다운 권리를 포기할 수밖에 없었던 어떤 분기점을 상징한다. 아무리 가난하고 굶주리는 사람도 감자를 먹을 수는 있어야 살아남을 수 있었다. 그런데 그런 감자마저도 없어서 타인의 밭을 훔치는 상황에서 그녀는 변화할 수밖에 없는 그런 지점에 내몰릴 수밖에 없었다는 것을 보여준다. 물론 그 변화는 부정적이고 일그러진 변화다. 극단적으로 말해 살아남기 위해 감자를 훔치려고 마음을 먹은 그 순간부터 그녀는 사회적으로 인간이 아니게 되었다. 그 이후로는 생존을 우해 몸부림치는 짐승이 되었고, 광기와 타락이 그녀 주위에 자리를 잡았다.

감자라는 최소한의 음식이 그녀에게 필요했지만, 그마저도 그녀에게는 허락되지 않았다. 그렇기 때문에 이 작품에서 '감자'가 의미하는 바는 크다. 인간다운 생활이 허락되지 않았던 '복녀'의 벼랑 끝 상황이 감자라는 작물을 통해 상징되었다.

윤동주 『참회록』을 통한 삶의 고뇌 이해

사랑하는 아들 준에게

윤동주의 시를 이해하기 위해서는 윤동주가 어떤 성격의 인간인지 먼저 이해할 필요가 있다고 생각해. 윤동주 시인은 아마 학교에서도 많이 배웠기 때문에 어느 정도는 알고 있을 거라고 생각해! 일제강점기에 활동한 조선인 시인이자 독립운동가이며 대한민국 역사상 가장 유명한 시인 중 한 명이자 조선 독립의 문학적 상징이기도 하지. 직접적인 무장투쟁은 하지 않았지만, 자신의 뜻을 굽히지 않은 저항시, 삶의 고뇌에 대한 시로 민족의 길과 다른 길을 걸어가는 자신의 행적을 반성하고 이에 대한 부끄러움을 나타낸 것으로 유명해! 윤동주는 매우 내면적이고 서정적이고 순수한 인간이었어. 그는 하늘과 별과 바람을 사랑했으며, 조화와 평화의 동화적 세계를 동경하고 그 속에서 살고자 했어. 심지어는 원수까지도 사랑하며 살고자 했지. 그래서 민족의 적을 미워하고 그들과 싸우는 것에 대해서도 괴로워했어. 그만큼 그는 순수한 영혼을 지닌 인간이었어. 그러나 민족의 현실은 그런 그를 동화적 세계 속에 살도록 내버려두지 않았어. 민족의 현실을 점차 인식해 나가면서 그는 갈등을 겪었지. 민족의 현실에 책임감을 느끼게 됨에 따라 그는 동화의 세계, 순수의 세계를 포기해야만 했기 때문이지. 순수의 세계에서는 원수까지도 사랑으로 포용할 수 있는데,

현실의 세계에서는 민족의 적을 미워해야 하고 또 그들과 폭력으로 싸워야 하기 때문이지. 민족을 위해서 사랑과 순수를 포기해야만 한다는 것, 이것이 오랫동안 윤동주라는 너무나 순수한 인간을 괴롭힌 문제였어. 이 갈등이 해결되지 않고는 민족을 위한 어떤 행동이나 결단으로도 나아갈 수가 없었지. 그러다가 점점 윤동주는 민족적 행위가 정당하다는 인식과 사랑과 순수를 일시적으로 포기해야 하는 슬픔을 겪을 수밖에 없다는 인식에 도달하게 되는데 이러한 갈등이 윤동주의 시들을 탄생시킨 모태이기도 해. 윤동주를 주로 시로 투쟁한 인물이라고 배우지만 2010년에 세상에 공개된 재판 관련 문서를 살펴보면 놀라운 점이 많아. 윤동주는 당시 악명 높았던 특고 앞에서도, 일제 재판관 앞에서도 당당했어. 부끄러워하던 소극적인 이미지의 시인은 사라지고, 형사 앞에서도 조선 독립에 대한 열망과 대책을 열정적으로 토로하기를 마다하지 않은 저항의 독립투사의 이미지가 선명히 다가와. 윤동주의 판결문에는 민족의식을 고취하여 독립을 쟁취하기 위한 구체적인 운동 방침을 논의했다는 사실이 적시돼 있어.

윤동주의 〈참회록〉에 대해서 이제 얘기를 하고자 해! 윤동주의 작품에 등장하는 거울은 주로 절대적인 가치에 자신을 진실되게 비춰보는 도구야. 〈참회록〉의 거울은 파란 녹이 낀 구리거울이다. 이러한 거울은 자신에게 반영되는 사물을 그대로 보여줄 수 없어. 작품 속의 사나이도 당연히 제대로 비춰지지 않아.

1연의 화자는 녹이 낀 거울에 자신의 모습을 비춰보고는 멸망한 왕조의 유물과 같이 욕되다고 평가해. '왕조', '유물', 그리고 '욕됨'이란 단어가 비유하고 상징하는 바는 2연에서 확인할 수 있어.

2연에서 화자는 만 24년 1개월에 걸친 자신의 삶이 헛된 것을 추구하며 살아왔음을 반성해. 그러니까 이러한 어휘들이 주는 이미지는 자신의 삶에 대한 반성을 의미하는 거지. 지나온 삶은 이 민족에게 주권을 빼앗겨 버린 왕조를 의미하고 '참회의 글'은 '유물'과 '욕됨'으로 연결되어 지금까지 순수와 사랑의 세계를 추구하고 살아왔지만 민족이 처한 비극적 현실 속에서 그러한 삶은 헛되고 무의미함을 깨닫게 되지. 이러한 화자의 어조를 깊이 인식할 필요가 있어! 즉, 녹이 낀 구리거울에 비친 자신의 얼굴을 보고 느낀 감정을 토로한 1연의 내용이 2연에 이르러 구체적인 의미를 지니게 돼.

3연은 민족을 위하여 사랑과 순수를 일시적으로 포기해야 하는 지금 이 순간 민족이 해방된 뒤에는 참회의 대상이 될 수도 있지만 1연의 욕됨을 극복하려는 의지를 4연에서 적극적으로 드러내지. 여기에서 화자의 강한 어조를 느끼게 되는거지! 즉, 사랑과 순수의 일시적으로 포기하고 어두운 민족 현실 속에서 지식인으로서의 양심을 지키려는 의도를 드러내는 것이야. 이는 1연에서 고백한 '욕됨'은 녹이 낀 거울에 비친 상이 깨끗할 수 없다는 점과 맥이 통하지. 거울을 닦아 녹을 제거하는 것은 표면적으로는 깨끗한 상을 비춰볼 수 있음을 의미하지만 그 이면에는 '욕됨'을 되풀이하지 않겠다는 의지의 표현이야.

또한 "손바닥으로 발바닥으로" 거울을 닦는 것은 손과 발을 모두 동원하는 전심전력의 자세를 의미해. 윤동주의 시에서 자아인식은 자아성찰에서 출발하고 있어. 이러한 자아성찰은 들여다보는 행위를 통해 이루어지는데 이러한 행위의 매개물이 바로 〈참회록〉에서는 거울이 되는 것이지.

〈참회록〉에서 나오는 거울은 두 가지야. 하나는 1연에 나오는 '파란 녹이 낀 구리 거울'이며, 다른 하나는 4연에 나오는 '손바닥으로 발바닥으로 닦아야 하는 거울'이야. '녹이 낀 구리거울'을 보며 화자는 자신의 욕됨을 발견하면서 거울은 자아성찰의 도구가 되며, 맑고 깨끗한 거울이 아닌 '녹이 낀 거울'을 손바닥으로 발바닥으로 닦아야 하는 거울의 의미는 자신의 욕된 모습을 깨끗하게 지우고 싶은 끊임없는 자아성찰의 자세를 의미해. 이처럼 윤동주 시에서의 거울은 '들여다보는 행위'를 통해 자신의 존재를 확인하고 자아의 모색과 끊임없는 반성을 하기 위한 자아 성찰의 도구라 할 수 있어. 윤동주의 〈참회록〉은 거울이라는 제재를 내세우고 그 거울을 들여다보는 행위를 통해 자신의 내면의 진실과 자아의 성찰을 각별하게 이끌었지!

5연에서의 '운석'은 떨어지는 '별'로써 그의 시 〈별 헤는 밤〉에서의 사랑과 순수의 표상이자 상징의 이미지로서 별처럼 그가 추구하는 순수와 사랑을 의미해. 윤동주는 어두운 민족의 현실 속에서 책임감을 느끼고 순수와 사랑을 잠시 포기할 수밖에 없음을 떨어지는 별 밑을 슬프게 걸어가야 하는 자신으로 표현했어. 그리고 순수와 사랑을 포기하는 순간만큼은 민족을 위한 희생의 마음을 뒷모습으로 표현했어.

이처럼 〈참회록〉은 절대적인 가치를 지향하는 화자가 삶의 과정에서 진실한 자기반성을 끊임없이 행함으로써 스스로의 마음과 행동을 다잡아 가는 태도를 그린 작품이야. 윤동주의 〈참회록〉은 화자가 '파란 녹이 낀 구리 거울'을 봄으로써 시상은 전개되는데 그 거울에 비친 자신의 모습이 욕되게 보이는 것, 그리고 그 욕됨을 지우기 위한 노력이 바로 이 시의 핵심이야!

〈참회록〉에서의 화자는 녹이 낀 구리거울 속에 자신을 비춰보다가 자신의 욕된 모습을 발견하고는 24년 1개월의 지나온 자신의 삶을 되돌아보는데 〈참회록〉의 화자는 망국의 현실 속에서 사랑과 순수만을 추구하며 민족과 현실을 외면하며 살아온 자신에 대한 부끄러움이지. 윤동주를 논할 때 흔히 거론되는 쟁점이 그의 시의 저항성의 문제이기도 해. 즉 그의 시를 저항시, 민족시라는 보다 구체적이고 한정적 개념 속에 가두어 놓고 해석하느냐 아니면 순수 서정시로 보고 분석하느냐의 문제인데 이러한 문제가 발생하는 이유는 윤동주 시가 일제하 암흑기에 씌어졌고, 독립운동이라는 죄명으로 일본의 옥사에서 젊은 나이에 생을 마쳤던 그의 삶 때문이지. 특히 〈참회록〉은 윤동주가 연희 전문을 마치고 부친의 권유로 일본 유학을 결심하고, 이를 위해 '히라누마'라는 이름으로 창씨계를 연희전문에 제출한 뒤에 쓰여진 작품으로 알려져 있어. 따라서 이 시는 고국에서 쓴 마지막 작품인 것이지.

윤동주의 시를 해석하는데 있어 식민지의 현실을 섣불리 내세우는 것은 바람직하지 않지만, 〈참회록〉의 해석에 있어 이러한 창작 배경을 고려하지 않는 것은 작품의 이해의 폭을 좁히는 것을 의미해. 그의 시를 저항시로 볼 것이냐 아니냐는 그의 시의 본질적인 문제가 아니라 그가 식민지 시대의 저항의 방법 및 수단으로 시를 썼다고 하더라도 그의 시의 순수성은 조금도 훼손되지 않으며 그의 시가 순수 서정의 발로라고 해도 당대 저항의 한 방법으로 무엇보다 강렬한 힘을 발휘했음에 공감해! 무엇보다 다양한 비유와 상징, 시각적이미지를 통해 자신의 삶에 대한 반성과 갈등을 나타내는 능력이 뛰어나다고 생각해!

〈참회록〉은 사랑과 순수함을 추구했던 이상적 자아와 냉혹한 현실 속에서 책임감을 느낀 현실적 자아의 갈등에서 오는 자신에 대한 반성이며, 이상적 자아를 잠시 포기하고 어두운 민족의 현실을 극복하기 위한 도덕적 실천에 대한 의지를 녹이 낀 구리거울을 밤이면 밤마다 손바닥으로 발바닥으로 닦는 것으로 이해하는 것이 올바르지.

백석 『여승』을 통한 가족해체의 현실 이해

사랑하는 아들 준에게

시인의 생애를 살펴보는 것은 단순히 시를 분석만 하는 것에서 벗어나 시를 올바르게 이해하고 가르치기 위한 선행 조건이 될 수 있어. 백석은 1930년대에 활발한 시작 활동을 한 시인으로서 한국 시문학사의 전개에서 누구보다도 독자적이며 개성적인 시세계를 창조한 시인의 한 사람이야. 하지만 분단 후 북한에서 지냈다는 이유로 학교 문학교육에서는 다뤄지지 않았어. 그러다가 1980년대에 납북이나 월북 작가들의 작품에 대한 해금조치가 내려진 뒤부터 백석에 대한 대중적 관심과 학문적 연구가 깊어졌고 시 교육에서도 백석의 영향력이 커져감에 따라 실제로 제6차 교육과정부터 제7차 교육과정 및 개정교육과정에서도 많은 출판사의 문학 교과서에서 한층 더 다양해진 텍스트들이 실려 그 비중이 점점 늘어났어.

「여승」은 백석의 초기 시를 대표하는 작품 중의 하나로서 백석의 초기 시에서는 풍경이나 사물에 대한 객관적인 묘사를 보여주었는데, 이 시에서도 한 여인의 삶에 대한 감정을 절제한 묘사와 동시에 한 여인의 삶에 대한 애처로운 시선과 섬세한 감정 또한 잘 드러나 있어. 그리고 이야기 시, 산문체의 서술로 그 안에서 자연스럽게 이야기를 추출해 낼 수도 있으며 백석의 서사적 경향의 시들 중에서 비교적 이해하기 쉬운 표현과 간결한 구조로 이루어져 있어. 또한 감각적 묘사를 통한 대상의 지배적인 인상의 형상화는 학생들이 이미지를 머릿속으로 떠올리며 읽기에 적합하고, 난해한 시어가 적어서 학습자가 자기주도적으로 활동하기에 적당할 정도의 난이도를 지녔기 때문에 학습자들이 쉽게 접근할 수 있다는 점도 「여승」의 교육적 활용 가치를 높여줄 수 있는 요인 중 하나이지.

남편과 자식을 잃은 한 여인의 기구한 사연을 제재로 삼아 그 여인의 상황을 제시한 「여승」은 공동체적 유대감이 사라지고 가족이라는 근원적 공동체마저 해체된 당시의 시대현실을 보여주기 위한 시인의 선택이야. 그는 이러한 주제의식을 평안도의 어느 금광 입구에서 옥수수를 팔다가 불교에 귀의한 한 여인의 삶을 통해 드러내고 있어. 시적 화자는 과거에 만난 적이 있는 한 여인을 보았는데 그 여인이 여승이 된 상황을 서술적으로 제시하고 있어. 그 상황의 주인공인 여승은 남편을 떠나보내고 딸아이마저 잃어버린 후 여승의 길을 선택한 여성으로 파악되는데 시적 화자는 시적 대상이자 서사의 주인공인 여승을 만나게 되고 여승을 "가지취 내음새가 났다"라는 후각적 이미지로 형상화했어. 이는 여승에게서 속세와의 단절감을 묘사하면서 동시에 여승이 물질적 풍요를 누리지 못하고 있는 상황인 것을 우회적으로 느낄 수 있게 해주고 있어! "쓸쓸한 낯이 옛날같이 늙었다"라는 다음 행의 의미와 연결해보면 여승이 되어서도 딸아이와 금점판에서 옥수수를 팔 때의 물질적 궁핍함과 빈곤함을 드러내고 가족 공동체 속의 충만함을 찾아 볼 수 없는 속세의 고통스럽고 서러운 삶의 흔적이 여전히 나타나서 쓸쓸하고 메마른 정서를 가지고 있음을 알 수 있어. 화자는 이런 여승의 모습을 보며 "불경처럼 서러워졌다"라고 말하는데 이를 통해 시적 대상의 상황을 통해 시적 화자는 속세를 떠날 수밖에 없었던 여인에 대한 슬픔과 연민의 감정을 느낀다는 것을 파악할 수 있어. 그 다음은 시적 화자가 여인이 여승이 되기 전에 이루어진 과거의 만남을 회상하고 있어. 평안도의 어느 깊은 산 속의 금점판 앞에서 옥수수를 팔고 있고 있는 파리한 여인과 나이 어린 딸아이를 떠올려! 그녀에게서 옥수수를 샀던 화자는 여인에게서 느꼈던 감정을 드러내지 않고 단순히 그녀의 모습을 파리했다고 표현하여 감정의 절제가 잘 나타나. 그리고 그녀는 나이 어린 딸을 때리는데 이 모습을 상상하는 것만으로도 쓸쓸한 느낌을 환기시키지. 아이가 맞은 이유는 독자들이 다양한 상상을 할 여지를 주는데, 가난하여 배가 고프다거나 옥수수를 파는 엄마 옆에서 심심했다거나 아니면 오랫동안 오지 않는 아버지에 대한 그리움으로 투정을 부렸을 수도 있어. 이렇게 일반적으로 어린 아이라면 당연히 자연스러움 행동이지만 여인에게는 그것을 받아줄 여유가 없음을 알 수 있어. 그녀의 파리한 얼굴과 가을밤처럼 차가운 울음이 그것을 보여주는데 이는 청각을 촉각화하여 그녀 역시 딸과 똑같은 힘듦을 느끼면서도 표출할 수 없는 자신의 힘겹고 고 달픈 한의 정서를 형상화한 것이라고 볼 수 있어.

3연에서는 그녀가 왜 그러한 삶을 살게 되었는지 알 수 있어. "섶벌같이 나아간 지아비 기다려 십 년이 갔다"와 앞 연에서 금점판에서 옥수수를 팔고 있는 여인의 모습을 연관 지어 볼 때 그녀의 남편은 금광에서 일하는 광부인데 일을 하다가 불의의 사고로 불귀의 객이 되었을 것으로 생각돼. 이러한 내용은 생계를 위해 섶벌같이 나간 남편과 돌아오지 않는 남편을 대신해서 어린 딸아이를 데리고 옥수수 장사를 통해 생계를 유지하는 아내의 모습과 금점판이라는 공간적 배경을 통해 당시 유이민의 발생과 그로 인한 가족 공동체의 붕괴를 짐작할 수 있게 해 주지. 남편을 잃은 여인은 결국 그 딸마저 잃고 마는데 백석은 그 딸의 죽음을 "어린 딸은 도라지꽃이 좋아 돌무덤으로 갔다"라고 형상화했어. 도라지꽃을 좋아했다는 것을 통해 딸아이의 순수함과 슬픈 운명을 병치하여 압축적으로 제시한 것이야. 죽음에 대한 미화적 표현이지만 그만큼 여인의 비극적인 삶을 심화시키고 하나밖에 없는 혈육인 딸을 돌무덤에 묻고 돌아서는 여인의 비애와 고독은 굳이 더 이상 표현하지 않아도 충분히 느낄 수 있는 부분이야. "산꿩도 섧게 울은 슬픈 날"을 통해 여인의 서럽고 비참한 삶에 대한 비애감을 자연물인 산꿩에 감정을 이입하고 여인의 울음을 감각적으로 형상화 하였어. 이렇게 가족들을 하나, 둘 떠나보내고 홀로 된 여인은 "산절의 마당귀"에서 머리오리를 눈물방울처럼 떨어뜨리며 속세의 번뇌와 괴로움을 잊고자 여승으로서의 삶을 선택해. 이 "눈물방울" 역시 시각적 이미지로 앞서의 청각적 이미지와 마찬가지로 여인의 서럽고 비참한 삶에 대한 비애감과 한을 형상화해. 여승이 되는 것은 종교적 이유가 아닌 혼자 감당하기 힘든 삶의 무게를 견디기 위한 최후의 수단으로써 그 원인은 시대적 현실에 있어. 그래서 여승이 된 지금도 1연에서 살펴본 것과 같이 "쓸쓸한 낯이 옛날 같이 늙었다"라고 화자가 생각하고 있는 것이지. 「여승」은 이와 같이 쓸쓸한 삶을 살아온 여승을 시적 대상으로 삼았는데 이것은 일제 식민지 치하에서 살아가는 민중의 한 유형으로 붕괴된 가족 공동체의 모습을 시적으로 형상화한 것이야.

「여승」은 여승이 된 여인의 비극적인 삶을 시적 이미지와 어조, 그리고 비유를 통해 시적으로 형상화하고 있어. 이야기 시인 「여승」은 상황을 간결하고 압축적으로 보여주는데, 이 과정에서 묘사를 통해 단순한 이야기의 보고가 아닌 시적 형상화가 이루어지게 해. 다시 말해 서술을 통해 시를 구조화시킨 뒤 그것이 다시 묘사에 이르게 하는 방법을 취한 것이지. 이야기가 전경화된 서술시에서 이미지가 약화되는 것은 당연한 일이야. 평이한 일상 구어체로서의 서술시는 사실 대중적 성격을 띠게 마련이지만 「여승」은 이러한 서술시의 한계를 묘사를 통해 극복하고 있어.

'여승은 합장하고 절을 했다. 가지취의 내음새가 났다. 쓸쓸한 낯이 옛날같이 늙었다.' 첫 연의 1행에서 3행은 모두 시적 화자가 여승을 묘사하는 내용이야. 합장하고 절을 하는 행위를 묘사함으로써 여승의 침착하고 고요한 이미지를 드러내며 여승의 속세로부터의 거리감과 정결함 등을 후각적 이미지로 환기시키며 여승의 쓸쓸함과 외로움, 고독함을 형상화하고 있어. 이 문장들은 사실을 있는 그대로 서술함으로써 결과적으로 한 장면이 되게 하고 있지. 각각의 문장들이 모여 화자가 여승을 만난 장면의 이미지를 형상화한 것이야. 2연에서는 여인이 "가을밤같이 차게 울었다"는 참신한 묘사를 구사했는데, 이는 '감정의 형용'을 통해 표현한 것이라 볼 수 있다. 울음의 감정을 직접적인 말이 아니라 가을밤 같은 차가움이라고 묘사한 것이야. 4연에서 "여인의 머리오리가 눈물방울과 같이 / 떨어진 날이 있었다"라는 표현에서 가족을 모두 잃고 슬픔과 절망 속에서 머리에 삭도를 대며 눈물을 흘리는 여인의 모습을 묘사해 장면으로 제시하고 있어. 이처럼 「여승」은 이야기 구조를 도입하면서도 이야기를 단순히 독자에게 전달해주겠다는 의도에 그치지 않고 시가 지니는 시적 긴장이 늦춰지지 않도록 참신한 묘사를 통해 대상과 대상의 특질을 이미지화하고 있어. 또한 '-다'로 끝나는 단정적 어조와 간결한 과거 시제의 어미를 반복적으로 사용함으로써 각운의 효과로 이야기시에 리듬감을 주면서 각 행과 연이 결합되어 시에 전체적인 통일감을 더해줘. 과거시제를 사용한 것은 시적 화자가 여승을 만나 과거를 회상하는 형식을 고려한 일관성 있는 표현이라고 할 수 있어.

김영랑 『거문고』에 드러난 현실의식 이해

나의 멋진 딸 은아에게

김영랑은 1903년 1월 16일 전라남도 강진군 군내면(현 강진읍) 남성리에서 아버지 김종호(金鍾湖)와 어머니 김경무(金敬武) 사이의 5남매 중 장남으로 태어났어. 1915년 강진공립보통학교(현 강진중앙초등학교)를 졸업하고 혼인하였으나 1년반 만에 부인과 사별하였다. 이후 상경하여 조선중앙기독교청년회학관에서 영어를 수학하다가 1917년 휘문의숙에 입학하였어. 휘문의숙 3학년에 재학 중이던 1919년 경성부에서 3.1운동이 일어나자, 독립선언서를 숨겨 들고 고향 강진으로 내려와서는 김현상(金炫庠) 등과 정세를 논의하였지. 대표적 작품으로는 〈돌담에 속삭이는 햇발〉, 〈모란이 피기까지는〉, 〈내 마음을 아실 이〉, 〈꿈 밭에 봄 마음〉 등이 있어. 주로 언어의 조탁을 통해 우리말의 아름다움을 발굴하고 세련된 시형과 율격으로 섬세하고 투명한 감성의 세계를 고운 어조로 표현했어.

이 시는 김영랑의 작품 중에서 현실 인식이 비교적 강하게 드러난 작품이야. 소리를 마음껏 내면서 울지도 못한 채 벽에 기대선 거문고를 통해, 암울한 시대 상황에서 자유를 빼앗긴 상태로 살아가는 화자의 답답함과 비애 어린 마음이 잘 드러나 있어. 이 시는 해가 바뀌는 시점에 서서 자신의 심정을 피력한 것으로 보여. 영랑은 거문고를 신령스런 상상의 동물인 기린에 비유하여, 자신의 처지 혹은 정서를 상징적으로 제시하고 있어. '기린'을 둘러싼 바깥 환경이 3연에 구체적으로 제시되어 있는데, 이는 기린의 자유로운 활동을 억압하는 상황으로 볼 수 있어. 즉 이것은 주권을 상실한 암담한 현실에 대한 인식을, 시대를 잘못 만나 제 곡조를 잃어버린 안타까움으로 표현하고 있는 것이지.

이 시 거문고의 성격을 살펴보면 자유시, 서정시로 상징적, 전통적, 현실 참여적이며 제재는 거문고야. 암담한 시대 상황에 대한 비극적 인식을 통해 국권 상실과 그 극복 소망을 다루고 있어. 거문고를 기린(麒麟)에 비유한 것이 인상적이야. '기린'과 '이리떼', '잔나비떼'의 대비를 통해 주제 의식을 암시하지. 자신의 처지와 상황을 상징적으로 제시했는데 시상전개는 우선 1연에서 소리를 잃은 거문고를 나타내고, 2연에서 잊혀진 거문고, 3연에서 상실의 땅, 4연에서 소리 잃은 거문고를 나타내. 내용 연구를 살펴보면 검은 벽: 억압하는 시대 상황, 해가 스무 번 바뀌었는데: 절망적인 상황의 지속, 내 기린(麒麟): 거문고를 비유함 → 시적 화자, 민족 을 상징, 기린: 성인(聖人)이 이 세상에 나올 징조로 나타난다는 상상 속의 동물, 울지 못한다: 마음껏 소리내지 못하는 일제 강점기의 암울한 상황, 노인: 기린을 울게 했던 존재(화자가 동경하는 대상), 땅 우의 외론 기린이야 하마 잊어졌을라:

노인이 기린을 잊지 않았으리라는 기대, 거친 들 이리떼, 잔나비떼: 자유를 억압하는 시대 상황, 내 기린은 맘둘 곳 몸둘 곳 없어지다. : 자유를 빼앗긴 상황, 문 아주 굳이 닫고: 억압적 시대와 단절하려는 의지, 해가 또 한 번 바뀌거늘: 절망적 상황의 지속, 맘 놓고 울들 못한다: 암울한 현실에 대한 안타까움을 나타내.

상징적, 비판적이라고 할 수 있어. 주제는 어두운 시대상의 비극적 인식이며 시적 상황: 일제 강점기, 자유를 박탈당한 처지를 비관적으로 인식하고 있어. 표현상의 특징은 시적 대상(거문고)의 의인화와 화자의 처지와 심정을 거문고에 빗대어 표현하며 거문고는 암울한 시대 상황에서 자유를 빼앗긴 화자의 분신을 상징하고 있어. 이 작품은 소리를 마음껏 내면서 울지도 못하는 채 벽에 기대 선 거문고를 통해 암울한 시대 상황에서 자유를 빼앗긴 상태로 살아가는 화자의 답답함과 비애 어린 마음이 잘 드러나 있어. 이 시는 해가 바뀌는 시점에 자신의 심정을 피력한 것으로 보여. 영랑은 거문고를 신령스런 상상의 동물 기린에 비유하여, 자신의 처지 혹은 정서를 상징적으로 제시하고 있어. '기린'을 둘러싼 바깥 환경이 3연에 구체적으로 제시되어 있는데, 이는 기린의 자유로운 활동을 억압하는 상황으로 볼 수 있다. 즉 이것은 주권을 상실한 암담한 현실에 대한 인식을 시대를 잘못 만나 제 곡조를 잃어버린 안타까움으로 표현하고 있는 것이지. 김영랑의 시를 대표하던 아름다운 시어와 낭만적인 감수성 대신 역사 의식과 현실 인식이 두드러지고 있어서 작품의 변모과정을 살피는데 도움이 된다고 할 수 있지.

이 작품은 소리를 마음껏 내지도 못한 채 벽에 기대선 '거문고(기린)'를 통해 암울한 시대 상황에서 자유를 빼앗긴 상태로 살아가는 화자의 답답함과 비애 어린 마음을 잘 표현하고 있어. 이러한 모순과 억압의 상황에서 자유를 구가하지 못하는 작가는 자신의 처지와 심정을 시대를 잘못 만나 제 곡조를 잃어버린 '기린(거문고)'에 빗대어 표현하고 있어. 망국의 설움 속에서도 마음껏 울지 못하는 상황 속에서 국권 회복에 대한 화자의 염원을 읽어낼 수 있는데 암울한 시대 상황의 비극적 인식이지.

김춘수 『꽃』을 통한 인간관계 회복 연구

나의 사랑하는 조카 휘야!

김춘수 시인의 꽃을 심도있게 공부하면서 난 들풀과 들꽃에 관심을 두게 되고 내 주변의 풀과 꽃들 이름을 하나하나 알아가면서 불편한 일이 생겼어. 예전에는 산길이나 들길을 걸을 때 무심코 밟고 지나던 풀들을 행여나 밟을까 조심하게 되었고, 무심코 들어가 밟던 풀밭에서도 내 발밑을 살피게 된 거야. 세포아풀, 쑥부쟁이(싹), 개망초(싹), 뽀리뱅이, 소리쟁이, 봄까치풀, 꽃마리, 꽃다지, 봄맞이, 갈퀴덩굴…… 예전에는 내게는 이름 모를 풀들이었고 그러니 그저 잡초이거니 했는데 그 풀들의 이름을 알고부터는 감히 밟을 수가 없었어. 장미 한 송이 혹은 개나리 한 묶음이 길에 떨어졌다고 치자. 지나는 사람들은 결코 장미나 개나리를 밟지 않아. 왜냐하면, 장미 혹은 개나리란 이름을 알고 있기 때문이지. 나 역시 그렇게 된 것 같아. 이름을 안다는 것은 그 대상의 실체를 알게 된다는 뜻이지. 그냥 알고만 있어도 밟지 않을 텐데, 그 이름을 불러주는 사이가 된다면 말해 무엇하겠는가? 그런 생각에 이르러 떠오른 시 - 이름을 불러주기 전에는 그냥 몸짓이었지만 이름을 불러주니 내게로 와서 꽃이 되었다는 김춘수의 시야.

시인 김춘수에 대해 잠시 얘기를 해줄게. 김춘수는 한국시에 철학적인 사유를 끌어들임으로써 한국시의 영역을 넓힌 시인이야. 아름다운 서정시와 전위적인 실험시, 사회 비판적인 참여시는 김춘수 이전에도 있었어. 그러나 시를 통해 하나의 사유를 보여주고자 하는 시도는 김춘수 이전에는 없었던 일이지. 그는 전쟁으로 인한 폐허 위에서 개인의 실존에 대한 질문을 던지는 것에서 출발해서, 존재의 본질을 드러내려는 시도로 옮겨간다. 이 모든 질문은 '언어'의 문제로 귀결되지. 1935년 통영 공립보통학교를 졸업하고 경성공립제일고등보통학교(현 경기중고교)에 입학, 1939년 경기공립중학교 5학년 때 자퇴하고 1940년 일본대학 예술학원 창작 과에 입학했어. 1942년 일본의 가와사키 시 부두에서 일본 천황과 총독 정치를 비방하여 불경죄로 세다가야 경찰서에 유치되었다가 서울로 송치되었어. 1945년 통영에서 유치환·윤이상·김상옥 등과 통영문화협회 결성, 예술운동을 펼치고 시작 활동을 본격화하였어. 1946년 통영중학교 교사로 부임 1948년까지 근무했지.

김춘수의 꽃은 갈래로 보면 자유시, 서정시이고 관념적, 주지적, 상징적이야! 소망을 나타내는 간절한 어조로서 존재의 의미를 나에게서 우리로 점층적으로 확대하고 있어. 몸짓 〉 꽃 〉 눈짓에서 나타나듯이 1~2연 과거, 3~4연 현재의 구조를 나타내는데 주제는 진실한 관계의 소망이자 존재의 본질 구현에 대한 소망이야. 김춘수의 시 〈꽃〉은 시인들이 가장 즐겨 암송하는 시라고 해. 전

국민을 대상으로 하면 윤동주의 〈서시〉 다음으로 널리 애송되기도 하지. 그만큼 우리에게는 익숙한 시야. 흔히 이 시를 해설하면서 평자들은 '존재의 본질에 대한 인식'이나 '의미 있는 존재가 되는 과정' 혹은 '의미 있는 존재가 되고 싶은 소망'을 표현한 것이라고들 해. 다 일리가 있는 해설들이지. 결국 '사물에 대한 존재론적 의미 추구'일 거야. 그런데 이 시를 읽으며 꼭 '존재론적'이란 용어를 써가며 철학적인 개념만으로 느낄 필요는 없을 것 같아. 연애편지를 쓴 세대라면 편지 속에 몇 구절 인용한 경험이 있듯이 사랑을 노래한 시로 읽을 수도 있고, 인간관계 속에 서로에게 의미 있는 사람이 되고픈 것일 수도 있지. 사실 그러한 모든 것을 담고 있기에 얼마든지 독자마다 다른 뜻으로 해석하고 느낄 수 있는 시야.

이름을 불러주기 전에 '몸짓'이었던 것이 이름을 불러주었을 때 비로소 '꽃'이 되는 것은 참으로 의미가 있어. 그것처럼 나도 누가 내게 꼭 맞는 이름을 불러주어 나만의 꽃이 되고 싶어. 이는 너와 나 할 것 없이 모두 다의 소망이지. 그렇게 우리는 '눈짓'이 되고픈 거야. 즉, 몸짓이 눈짓으로 되는 과정에 이름을 불러주는 행위가 결부되고 그것은 바로 누군가에게 '꽃'이 되는 것이지. 그런데 시인은 왜 구체적인 꽃 이름을 말하지 않고 막연하게 '꽃'이라고 했을까? 아니 어떤 꽃을 보며 이 시를 구상했을까? 어느 평자의 연구에 따르면 시인의 고향에서 흔하게 볼 수 있는 꽃, 게다가 시인이 그의 시 속에 자주 노래했던 꽃 - '산다화'라고 하는데 산다화는 '동백'의 속명이지. 이 시의 제목이 '꽃'이 아니라 '동백' 혹은 '산다화'였다면 어떤 평이 나올까? 실은 제목이 그런 구체적인 꽃 이름이고 시 속에 그 꽃 이름이 표현되었다면 독자들의 느낌은 반감되었을 것이다. 아니 어쩌면 전혀 다른 느낌이었을 것이다. 막연하지만 그냥 '꽃'이라 했기에 독자들은 자신만의 꽃을 머릿속에 그리며 자신이 그린 그런 꽃이 되고 싶은 마음을 갖게 되는 것이 아니겠어?

'꽃을 위한 서시'는 언어와 존재에 대한 김춘수의 고민과 탐구 의지가 선명하게 드러나는 시라고 생각해. 우선 이 시에 등장하는, 존재의 가지 끝에서 흔들리는 '너'는 '꽃'이야. '존재의 흔들리는 가지 끝에서 이름도 없이 피었다 지는 꽃'은 '꽃'의 '내가 그의 이름을 불러주기 전에는 그는 다만 하나의 몸짓에 지나지 않았다' 라는 구절을 연상시키는데 두 시에서 모두, 김춘수가 주목하고 있는 것은 '꽃'이지. 그것은 하늘과 대지 사이에 있으면서 하늘이 내려주는 햇빛과 대지의 양분을 흡수하여 봉오리를 맺는데 그런 의미에서 꽃은 신들의 눈짓을 일깨워주는 하이데거의 '포도나무'에 대응되는 존재야. 그러나 이 존재의 본질을 드러내려는 시인의 의지는 벽에 부딪히곤 해. '꽃'에서 내가 '너'의 이름을 부르는 행위는, 존재에 드리워져 있는 도구성을 걷어내고 그 본질을 호명하는 것인데 이때 언어는 모든 인간적 말들이 침묵하는 가운데 말하여지는 신성한 언어 또는 신비로운 상징이며, 존재에 대한 계시와 같은 것이야. 일반적으로 김춘수의 「꽃」은 '존재'에 대한 관념적인 사유를 '꽃'이라는 구체적인 대상을 통해 표현한 작품으로 알려져 있는데 '이름을 부르다'라는 것은 의미와 가치를 부여하는 인식적 행위로, 1연과 2연에서 '나'는 인식의 주체이며, '그'는 인식의 객체야. 1연에서 '이름을 불러주기 전'은 인식적 행위가 이루어지지 않은 것으로, '몸짓에 지나지 않았다'라는 것은 무의미, 무가치의 존재임을 뜻해. 2연에서 '이름을 불러주었다'라는 것은 인식적 행위가 이루어진 것으로, '꽃이 되었다'는 것은 유의미, 유가치한 존재가 되었음을 뜻해. 3연에서는 '누가'가 인식의 주체로 나타나며, '나'가 인식의 객체로 바뀐다. '빛깔과 향기'는 존재의 본질을 뜻하는 것으로, '이름을 불러 달라'고 하거나 '꽃이 되고 싶다'라고 하는 것은 본질에 맞는 이름으로, '나'는 의미와 가치를 지닌 존재가 되고자 하는 소망을 표현하고 있어. 4연에서는 '우리, 나, 너'가 인식의 주체와 객체에 있어서 상호관계로 나타나는데 '눈짓'은 1연의 '몸짓'과 상반되면서 2연과 3연의 '꽃'과 같은 의미를 지닌 시어로, '눈짓이 되고 싶다'라고 하는 것은 서로에게 소중한 존재가 되고 싶다는 소망을 표현하는 것이야.

난 인간관계에서 이러한 서로를 인지하고 소중하게 여기는 자세가 필요하다고 생각해. 이름을 부르는 행위는 대상의 존재를 인식하는 행위이며 대상에게 의미를 부여하는 행위이며 진정한 관계를 맺는 과정이지. '몸짓〉 꽃〉 눈짓'의 시어는 사실 몸짓은 이름을 부르기 전, 의미 없는 존재이며 꽃은 이름을 부른 후, 의미 있는 존재가 되고 눈짓은 서로 무엇이 되고 싶은 소망, 서로 의미 있는 존재가 되는 것이지. 나는 이런 이유로 이 시를 추천하고 싶어.

진은영 『나는』 평론

진은영의 '나는'이라는 시에서 과연 나의 형상은 어떤 것일까? 나라는 화자는 상당히 현실에 힘들어하고 있음을 알 수 있다. 너무 삶은 시금치가 의미하는 것은 무엇일까? 적당히 삶아서 맛있어야 할 시금치가 너무 익어버렸고 빨다 버린 막대사탕은 인생을 살면서 마치 쓸모가 없는 자아를 형상화한다는 생각이 든다. 나는 촌충으로 둘둘 말릴 집이라는 표현에서도 현재의 삶이 고달프고 한 몸 누울 장소도 변변치 않고 더럽고 오물이 가득한 빈민 슬럼가라는 생각이 든다. 가위도 부서졌다면 과연 가위로서의 쓸모가 있을까? 주유소에서는 진짜 기름을 팔아야 하는데 가짜 석유를 팔고 있으니 거짓과 위선이 가득하다. 도마 위에 흩어진 생선 비늘은 알짜가 없이 쭉정이가 가득한 세상에 대한 풍자와 해학임을 알 수 있다. 나침반은 고정되어서 한곳을 지칭하고 가리켜야 하는데 계속 회전하고 있다는 말은 자기 역할을 제대로 못 하는 상황을 암시하고 있다. 나는 썩은 과일 도둑에서는 좋은 과일도 아니고 그나마 썩은 과일이라도 훔쳐서 생활해야 하는 현실의 고달픔과 아픔을 상징하고 있다. 오래도록 오지 않는 잠에서는 세상만사 근심과 걱정이 많아 잠이 오지 않는다는 말이다. 밀가루 포대 속에 집어넣은 젖은 손이란 표현 역시 밀가루는 말 그대로 가루의 기능을 하려면 뽀송뽀송해야 하는데 젖은 손이 들어갔으니 이 얼마나 안타까운 상황이라는 말인가? 외다리 남자에게 목발은 생명줄과 같이 걸음을 걷는 데 도움이 되는 존재인데 현재 부러졌으니 그 누구도 기댈 곳 없는 상황이란 말이다. 노란 풍선 꼭지, 어느 입술이 닿던 날 너무 부풀어 올라 찢어졌다고 하니 이 역시 세상의 벼랑 끝에 있는 자아의 모습을 가늠하게 한다.

전체적으로 시가 참 어둡다는 생각이 들면서 한편으로는 그러한 나에 대해 고달픔과 아픔이 참으로 적나라하게 표현되어 있어서 세상살이가 힘들다는 생각이 든다. 이렇게 힘들고 고달픈 상황에서 드는 또 다른 느낌은 이렇게 절박하고 안타까운 상황이기 때문에 세상에 믿을 사람은 전혀 없고 오롯이 작품 속의 화자인 나만이 자립심과 독립심을 갖고 생활해야 하는 것이 아닌가 그런 생각이 든다. 화자인 나는 누군가를 의지하고 싶은 마음도 그렇다고 의지할 수도 없는 상황이다. 세상에 믿고 살 사람은 오롯이 정말 화자 한 명밖에 없음을 알 수 있다. 그렇다고 아주 절망적인 상황에서 세상과 삶에 대한 완전한 포기를 나타내거나 그런 생각은 들지 않는다. 힘겨운 상황에 부닥쳐 있음을 알 수 있고 그러한 상황에서 스스로 자신의 절박한 심정을 있는 그대로 표현하고 있음을 알 수 있다.

사실 세상을 살면서 그 누가 하루하루가 매일 즐겁고 희망적일까? 그런 생각을 해본다. 옛말에 천석지기는 천 가지 걱정, 만석

지기는 만 가지 걱정이라고 한다. 나 역시 세상을 살면서 이런저런 풍파를 겪었고 많은 아픔을 겪었다고 생각한다. 하지만, 그런데도 이제 내 인생을 돌이켜보면 50이 지나면서는 현상을 바라보는 것에 대해 좀 더 냉철한 마음이 생겼고 다른 한편으로는 그나마 지금까지 이렇게 살아올 수 있음에 감사를 드리고 싶다.

안현미, 「거짓말을 타전하다」 평론

비록 짧은 산문시이지만 정말 많은 것을 생각나게 한다. 시절은 90년대이지만 어쩌면 70년대를 회상하게 하는 단어와 장면이 그대로 떠오른다. 이 시는 이 시는 시인의 '젊은 날의 초상'이라고 할 수 있다. 여상, 산동네, 등록금, 비키니 옷장, 순대국밥, 번개탄, 연탄가스 중독, 헌책방 따위로 그려지는 모습은 당시 어려웠던 화자에 고달픈 현실을 알 수 있게 한다. 거기에는 짐작되는 아픔이 있고 헤아려지는 가난과 고독이 있다. '고아는 아니었지만 고아 같았다', '가족은 아니었지만, 가족 같았다'라고 반복적으로 말할 때, '~이었지만'을 경계로 앞 문장은 뒤 문장에 의해 뒤집힌다. 경계는 해체된다. '높은 빌딩으로 출근했지만 높은 건 내가 아니었다', '죽고 싶었지만, 더듬더듬 더듬이가 긴 곤충들이 내 이마를 더듬었다'라고 말할 때, 앞 문장은 뒤 문장에서 완성되지 않는다. 세상에 혼자 남겨졌다고 느껴지고 그러면서도 삶에 대해서 완전 손을 놓지 않고 그래도 살아가는 모습이 애처롭지만 기특하게 여겨진다.

'꽃다운 청춘이었지만 벌레 같았다'라고 말할 때도 앞 문장은 뒤 문장에서 무참히 무너진다. 청춘이 좋은 면도 있지만, 아직 이룬 것이 없기에 너무나 힘겨울 수 있다고 생각을 한다. 젊음 자체는 너무나 아름답지만, 그 면면을 돌이켜보면 얼마나 힘들고 고달프단 말인가? 미래에 대한 두려움과 현재의 고통, 그리고 하루하루 생계를 이어 나가야만 하는 삶이 마치 나의 청춘을 대변하는 것과 같다. 이렇게 앞과 뒤는 가파르게 반전하지만, 사실은 동어를 반복하고 있을 뿐이다. 리듬감은 여기서 살아난다. 시인에게 '거짓말'은 '시'의 다른 이름이다. 그것은 진실의 또 다른 이름이라는 점에서 일종의 아이러니다. 그러므로 '거짓말을 타전하다'라는 말은 "목마른 시인의 가면을 뒤집어쓰고 팔리지 않는 위독한 모국어로 시(詩)를 쓰고 있었다"라는 다른 표현이며, 그의 시에서는 거짓말을 제조하다, 환을 연주하다(보다), 몽유병에 꽂히다, 착란에 휩싸이다 등으로 변주된다. 그런데, 나를 울게 하고 결국은 가족이 되는, '더듬이가 긴 곤충들'이란 무엇에 대한 은유일까? 야행성의 창녀들일까, 사내들일까, 불안이나 공포일까, 죽음일까…… 어쨌든 "그녀의 더듬이는 쓴다 우우, 우, 우 그녀의 더듬이가 운다"(〈거짓말을 제조하다〉). 그것은 진행형이다. 뭔가 허전함을 달래기 위해 누군가와 함께한다는 뜻인데 외로움을 달래는 것까지는 좋다고 해도 그 대상에 대해서 그다지 만족해하지는 않음을 알 수 있다.

이 시를 읽고 난 후 내 느낌은 마치 나의 20대 청춘을 되돌아간 듯한 느낌이 든다. 20대 젊음은 참 아름다울 수도 있지만 돌이켜보면 힘겹고 고통스러운 삶의 연속이었다고 생각한다. 무언가를 이루기 위해 끊임없이 달려야 했고 노력해야 했고 힘겨운 자아와의 싸움이었는데 이 시에서도 그러한 느낌이 물씬 풍긴다. "고아는 아니었지만 고아 같았다" 이런 시구가 꼭 들어맞는 시절이 생의 어느 한 구비에선 꼭 오는 것 같다. 고아는 아니었지만 고아 같았지요…… 우, 우, 우, 말을 더듬으며, 가슴에 돌처럼 맺힌 말들을 간신히 시로 꺼내면서, 그렇게 겨우겨우 견딘 시절이 있었기 때문이다. 그 시절이 지난 후에야 알게 되었다. 시가 나를 치유했다는 걸. 시가 나를 삶의 쪽으로 돌려세웠다는 걸 말이다. 그래서 나는 시가 주는 치유력을 믿고 있다.

이 시를 읽으며 눈물이 스민다. 동병상련의 침묵이 우, 우, 우, 꽃잎이 되고 새가 되고 더듬이가 긴 곤충이 되고 바람이 되는 길이 보이기 때문이다. 애절한, 처연한, 거짓말들이여 쏟아져라. 우, 우, 우우, 더듬더듬 꺼내놓은 돌덩이 같은 말들에서 거짓말 같은 진짜 세월이 기어코 꽃필 것을 나는 진심으로 믿기 때문이다.

나가며

진은영의 '나'와 안현미의 '거짓말을 타전하다'를 읽으면서 느낀 점은 두 시 모두 뭔가 애잔하고 고달픈 현대인들의 적나라한 모습이 상상되고 그려진다. 사회 전체로 보면 엄청나게 경제적인 성장과 발전은 이루어졌는지 모르지만, 양극화 현상은 날이 갈수록 심화하고, 도심의 화려한 불빛과 네온사인에 그려진 사각지대에서 고통받고 있는 현대인들의 자아를 발견할 수 있으며 어쩌면 이를 차치하고서라도 물질적인 풍요가 이전보다 채워졌다고 생각하는 이들에게서조차도 늘 마음 한쪽에 존재하고 있는 허전함과 텅 빈 감정은 과연 어떻게 채워질 수 있을지 많은 고심을 하게 되는 시점이다. 가지지 않은 이들에게는 한 끼의 식사조차도 사치스럽고 힘겨운 것이고, 설령 모든 것을 다 가졌다고 느껴지는 이들에게도 과연 그들의 화려한 삶이 보이는 것처럼 정말 행복하고 만족스러운 것인지, 어쩜 그 이면에 가려진 가식은 없는지 생각하게 만드는 시간이다.

김선우 『빌려줄 몸 한 채』 평론

처음에는 몸 한 채를 빌려준다는 말의 의미가 참 신기하고 의아스럽게 느껴졌다. 몸을 어떻게 빌려줄까 싶었는데 결국은 온전히 나를 희생하고 버릴 정도의 고통과 배려를 통해 진정한 성장을 할 수 있음을 깨닫게 되었다. 개인적으로 난 고 김수환 추기경에 대한 별명 중 바보라는 호칭을 좋아하는데 이는 여러 가지로 해석할 수 있지만 무엇보다 나 자신을 한없이 낮추고 느슨하게 열어 보이는 삶의 자세를 일컫는 말에서 진한 감동과 매력을 느끼게 된다. 그런데 마음을 낮추고 느슨하게 열어 보이는 삶의 자세는 막상 표현하기가 쉽지 않은데 시인은 이를 배추의 모양에서 찾아내고 있다. 밭에서 자라는 배추의 모양을 보면 벌어져 있고 무엇보다 땅에 가까운 잎 몇 장이 스스로 겉잎의 역할을 감당한다. 누구나 세상의 중심에 있는 노란 배춧속이 되고 싶지만 그렇다고 모두 그러한 역할을 맡으면 결코 하나의 배추는 완성되지 못한다. 그 누군가는 바닥으로 몸을 낮추어 지저분해지고 나중에는 버려지는 형편까지 감수해야 하는 것이 그런 겉잎의 역할을 담당해야 하고 그러나 별 볼 일 없는 역할도 기꺼이 감수해야 한다. 몸을 벌리고 낮추는 사이에 때로는 나비에게도 몸을 주고 벌레에게도 몸을 주면서 배춧속의 둥근 결실인 결구가 만들어지기 때문이다. 샛노란 배춧속을 만들어내는 비밀이 겉잎의 자기희생에서 비롯되는데 이러한 역할을 나 스스로 사회에서 담당하고 싶다. 시인은 그것을 빌려줄 몸이라고 부르며 내 몸으로 짓는 공양간에 비유하는데 사실 의료인이 된다면 이미 나의 개인적인 삶은 포기하고서 환자만을 위해 좁은 공간에서 연구하고 치료해야 한다.

어쩌면 관종이 난무하는 세상에서 우리는 스스로 늘 배추의 속 같은 존재가 되기를 바라며 배추의 더럽고 버려지는 겉잎의 역할을 떠맡기를 거부하는데 이러한 겉잎의 섬김과 봉사가 없다면 결코 우리 사회에서의 결실은 기대하기 어려움을 이러한 배추의 성장을 통해 깨달을 수 있다. 빌려줄 몸 없이는 저녁이 없다는 걸, 내 몸으로 짓는 공양간 없이는 등불 하나 오지 않는다는 걸 깨우치라고 시인은 종용한다. 스스로 바보 노릇 하기를 회피하고, 남의 바보 노릇을 깔보는 나의 마음가짐을 후려치는 깨달음의 노래에서 앞으로 어떻게 살아가야 할지 확고한 방향성을 설정하게 된다.

허준 『잔등』 평론

이 작품에는 당시 대부분 작가가 보여주었던 광복의 흥분된 감격과는 대조적으로, 광복과 함께 하는 새로운 것에 대한 기대와 함께 실망이 차분하고 담담하게 표현되어 있고, 민족의 지나온 길과 앞으로 나아가야 할 길이 암시되어 있다. 무엇보다 나를 매료시킨 것은 인간의 만남 속에서 펼쳐지는 인간애의 미덕과 이를 통해 해방의 감격과 무질서를 뛰어넘는 새로운 인간 정신을 모색했다는 것이 인상적이었다. 할머니는 불행한 삶의 역경에도 불구하고 불행한 사람들의 역경에 동정과 사랑을 갖는 인간 희망의 넓고 아름다운 시야를 지니고 있다. '내'가 바로 거기에 '연하여진다'라는 것은 사랑의 파장이 확대된다는 것을 뜻한다. 이 작품에서 청진을 떠나는 마지막 장면에서 그 할머니의 영상이 황량한 폐허 위에 퍼덕이는 '한 점 먼 불 그늘'의 발광체로 받아들여지는 것은, 단순한 추억의 불꽃으로서가 아니라, 지향적인 가치의 불꽃임을 암시한다. 어려운 가운데서도 앞을 바라보는 희망의 메시지인 것이다. 해방기 문학이 감격스러운 감상 벽에 젖어 있는 데 비해, 흥분과 희열에 빠지지 않고 당대의 시대적 현실과 인간과 인간의 만남을 깊이 있게 파헤친 면이 인상적이다. 할머니처럼 더욱 긍정적인 측면에서 사람을 대하면서 그들을 좀 더 밝음 속에서 살아갈 수 있도록 도와주고 싶다. 잔등이라는 것은 결국 내가 생각하기에 따뜻한 인간애라고 생각한다. 무슨 일을 하든 이러한 따뜻한 인간애가 없다면 모든 것들이 허상이라고 생각한다. 특히 이 소설의 마지막 장면은 회령에서 헤어진 친구를 다시 만나 서울로 향하는 기차를 타고 청진을 떠나는 것으로 되어있고 청진을 떠나면서 그 할머니의 영상을 황량한 폐허 위에 퍼덕이는 한 점 먼 불 그늘 곧 잔등으로 받아들이는데 이는 단순한 추억의 불빛이 아니라 지향적인 가치의 불꽃임을 알게 되었다.

문학의 숨결을 찾아서!

1판1쇄 2022년 9월 26일

저자 전설
발행인 이경화

발행처 디자인21
주소 04560 서울특별시 중구 퇴계로 293-1 3층
전화 02-2269-6561(대)
팩스 02-2269-6568
e-mail 21publish@naver.com

등록번호 제1-1128호
등록일자 1991.2.12

ISBN 978-89-6131-097-0 03810

정가 12,000원

http://21publish.co.kr/
https://blog.naver.com/publish21